Hans G. Scheib

Werkstattbuch
TIFFANY

Hans G. Scheib

Werkstattbuch
TIFFANY

Werkzeuge · Materialien · Arbeitstechniken
Anwendungsbeispiele

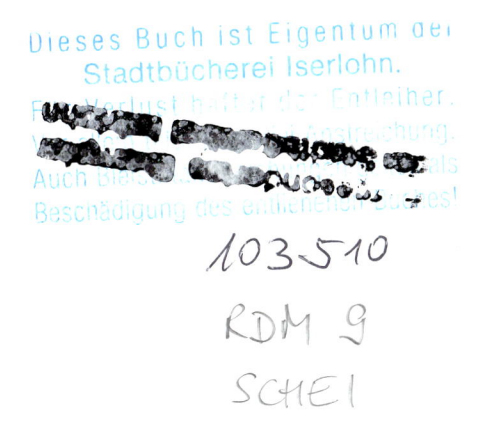

AUGUSTUS VERLAG AUGSBURG

Die Deutsche Bibliothek – CIP-Einheitsaufnahme

Werkstattbuch Tiffany: Werkzeuge, Materialien,
Arbeitstechniken, Anwendungsbeispiele / Hans G. Scheib. –
Veränd. Neuausg. – Augsburg: Augustus-Verl., 1997

ISBN 3-8043-0435-4
NE: Scheib, Hans G.; Tiffany

Das Werk einschließlich aller seiner Teile ist urheberrechtlich geschützt. Jede
Verwertung außerhalb des Urhebergesetzes ist ohne Zustimmung des Verlages
unzulässig und strafbar. Das gilt insbesondere für Vervielfältigungen, Übersetzungen,
Mikroverfilmungen und die Einspeicherung und Verarbeitung in elektronischen
Systemen.

Es ist deshalb nicht gestattet, Abbildungen dieses Buches zu scannen, in PCs oder
auf CDs zu speichern oder in PCs/Computern zu verändern oder einzeln oder
zusammen mit anderen Bildvorlagen zu manipulieren, es sei denn mit schriftlicher
Genehmigung des Verlages.

Die im Buch veröffentlichten Ratschläge wurden von Verfasser und Verlag sorgfältig
erarbeitet und geprüft. Eine Garantie kann dennoch nicht übernommen werden.
Ebenso ist die Haftung des Verfassers bzw. des Verlages und seiner Beauftragten für
Personen-, Sach- und Vermögensschäden ausgeschlossen.

Jede gewerbliche Nutzung der Arbeiten und Entwürfe ist nur mit Genehmigung von
Verfasser und Verlag gestattet.

Bei der Verwendung im Unterricht und in Kursen ist auf dieses Buch hinzuweisen.

Fotografie: Hans G. Scheib, Knut Dobberke (Soweit nicht anders vermerkt)
Lektorat: Michael Schönberger
Umschlaggestaltung: Christa Manner, München
Layout: Anton Walter, Gundelfingen

AUGUSTUS VERLAG AUGSBURG 1997
© Weltbild Verlag GmbH, Augsburg
Satz: DTP-Design Walter, Gundelfingen
Druck und Bindung: Appl, Wemding
Gedruckt auf 135 g umweltfreundlich elementar chlorfrei gebleichtem Papier.
ISBN 3-8043-0435-4
Printed in Germany

Inhalt

Von der Glasmalerei zur Tiffany-Technik 7
Die Entwicklung der Glasmalerei und ihrer Technik 7
Der neue Weg der Glasgestaltung 8

Glasherstellung 13
Bestandteile des Glases 13
Farbe im Glas 14
Formgebung des Glases 14
Glassorten und ihre Anwendung 17

Der technische Ablauf von Tiffany-Verglasungen 23
Der Entwurf 23
Herstellung der Schablone 23
Schneiden des Glases 25
Glasschneider 25
Anritzen des Glases 27
Brechen des Glases 28
Beispiele 31
Kröseln 33
Schleifen 34
Folieren 38
Löten 41
Lötkolben 41
Lötspitzen 42
Flußmittel 44
Lote 44
Lötvorgang 45
Patinieren 49
Polieren 49

Lampen 50
Lampen aus Segmenten 50
Lampen über Komplettformen 64
Lampenzubehör 70

Fenster und Türen 76
Besonderheiten beim Entwurf 76
Verstärkungen von Verglasungen 79
Verarbeitung von Profilen 88

Spiegel 92
Spiegelverarbeitung 92
Spiegelaufhängung 92

Leuchtobjekte 100

Spezielle Glasarbeiten 108
Reparaturen 108
Innenkreise 109
Rechte Winkel 111
Bohren 112
Verarbeitung von Bevels 113
Bleiverglasung 115

Literaturnachweis 117
Stichwortverzeichnis 118

6

Von der Glasmalerei zur Tiffany-Technik

Die Tiffany-Technik ist eine künstlerische Art der Glasverarbeitung, die nicht aus einem Vakuum heraus entstand, sondern die sich auf die lange Tradition der Glasmalerei und der Bleiverglasung gründet.

Nach der Entdeckung des Glases im dritten vorchristlichen Jahrtausend entwickelte sich mit der zunehmenden Beherrschung des Materials ein weites Betätigungsfeld für Handwerker und Künstler. Man lernte die Glasmasse zu färben und nach verschiedenen Methoden zu formen. Ägyptische Handwerker konnten bereits in der Zeit zwischen 1554 und 1075 v. Chr. Klarglas schmelzen und zu Formen gießen, die den damaligen Tonwaren entsprachen. Erst sehr viel später, wahrscheinlich während des ersten Jahrhunderts v. Chr. in Syrien, wurde die Glasmacher-Pfeife erfunden und damit ein neues Kapitel der Glasbearbeitung aufgeschlagen: das Glasblasen. Nun war es möglich, auch komplizierte Formen von allerlei Gebrauchs- und Schmuckgegenständen zu gestalten. Es dauerte jedoch noch etwa 200 weitere Jahre, bis man in der Lage war, flache Glastafeln herzustellen und in Fenster einzusetzen. Anfänglich ein Privileg der Reichen in Nordeuropa, begann das verglaste Fenster sehr schnell seinen Siegeszug über die ganze Welt und legte gleichzeitig den Grundstein für die Glasmalerei und die damit eng verbundene Bleiverglasung.

Die Entwicklung dieser Kunstform läßt sich nicht eindeutig nachvollziehen, dafür sind zu wenige Anhaltspunkte hinterlassen. Sie kann jedoch erst nach dem 1. Jahrhundert entstanden sein, da die Grundvoraussetzungen (geeignetes Tafelglas, Bleiruten) vorher nicht gegeben waren. Als die älteste bekannte Glasmalerei gelten Fragmente eines Glasbildes, das 1932 im Kloster Lorsch am Rhein gefunden wurde und einen Christuskopf darstellt. Man nimmt an, daß es aus dem 9. oder 10. Jahrhundert stammt. Da es technisch bereits sehr ausgereift erscheint, ist anzunehmen, daß auch in früherer Zeit ähnliche Glasbilder entstanden sein müssen. So ist zum Beispiel alten Aufzeichnungen aus dem 6. Jahrhundert zu entnehmen, daß der Heilige Gregor die Fenster von St. Martin in Tours mit farbigem Glas versehen ließ, und Paulus von Silentarius und Prokop von Caesarea berichten von den leuchtenden farbigen Fenstern der Sophienkirche in Konstantinopel.

In ihrer gesamten Geschichte ist die Glasmalerei wesentlich durch die christliche Religion geprägt worden. Kirchenfürsten waren die Auftraggeber, und so hatten die Darstellungen fast ausschließlich religiösen Charakter.

Glasfenster aus dem nördlichen Umgang der Kathedrale von Chartres mit Darstellung der Geschichte Karls des Großen, mittlerer Teil. 1. Hälfte des 13. Jahrhunderts.

Die Entwicklung der Glasmalerei und ihrer Technik

In der frühen Glasmalerei wurden Tafelglas oder Mondglasscheiben in überwiegend tiefen und reinen Farben verwendet. Diese Gläser hatten eine sehr unregelmäßige Oberfläche und schwankten beträchtlich in ihrer Stärke. Dadurch ergaben sich unterschiedliche Helligkeiten bzw. Farbtiefen, die ein geschickter Glasmaler zur feinen Tonabstufung ausnutzte. Seinen besonderen Reiz erhielt das frühmittelalterliche Glas durch herstellungsbedingte Verunreinigungen, Luftbläschen und Schlieren. Diese „Fehler" streuten das einfallende Licht und steigerten damit die Leuchtkraft der Farben. Auch der juwelenhafte, funkelnde Glanz, der sich aus einem sich verändernden Blickwinkel ergibt, hat seine Ursache in dieser vermeintlichen Fehlerhaftigkeit.

Die mittelalterlichen Gläser waren entweder in einer Farbe durchgefärbt oder mit einem oder mehreren zusätzlichen Überzügen aus andersfarbigem Glas versehen. Mit solchen Überfanggläsern konnten einzelne Glasstücke mehrfarbig angelegt werden. Dazu wurden die Überfänge abgeschliffen, bis die darunter liegende Farbe zum Vorschein trat. Bei roten Gläsern aus der Kathedrale in Chartres fand man bis zu 27 Glasschichten, abwechselnd rot und farblos.

Nach einem Entwurf wurden die Gläser in Formen geschnitten, um später mit Bleiruten zu einer großen Fläche zusammengesetzt

Von der Glasmalerei zur Tiffany-Technik

zu werden. Diese Bleiruten erfüllten einerseits die Aufgabe, die aufgrund der Stabilität in ihrer Größe begrenzten Glasstücke zu größeren Flächen zu verbinden, andererseits betonten sie die Hauptkonturen der jeweiligen Darstellung. Das Netz aus Bleiruten war kein Zufallsprodukt, sondern wurde soweit wie möglich in die Gesamtgestaltung eines Fensters einbezogen.

Als Malfarbe war zunächst nur Schwarzlot bekannt, eine Mischung aus pulverisiertem Bleiglas, Kupfer- oder Eisenoxid, z.T. Mangan und Kobalt sowie einem Bindemittel. Der Farbton konnte von Bräunlichschwarz über Neutralschwarz bis zu Grauschwarz variieren. Mit diesem Schwarzlot wurden die farbigen Glasstücke bemalt und schattiert, um Figuren und Gegenstände plastisch wirken zu lassen. Durch Wischen, Tupfen, Pinseln und Radieren vermalte man die Masse und brannte sie nach dem Trocknen bei einer Temperatur zwischen 600° C und 620° C ein.

Erst um 1300 entdeckte man eine zweite Malfarbe, bzw. Malbeize: das Silbergelb. Beim Einbrennen zersetzen sich die darin enthaltenen Silberverbindungen, und das freiwerdende Silber diffundiert in das Grundglas ein. Mit diesem neuen Material ließen sich durch unterschiedliche Konzentrationen und Einbrennzeiten Farbtöne vom hellen Zitronengelb bis zum kräftigen Orange erzielen. Nun konnte man auch Farben mischen: mit Silbergelb auf blauem Glas ließen sich detailreiche grüne Landschaften vor einem blauen Himmel ohne störende Bleikontur darstellen.

Die eigentliche Blütezeit der Glasmalerei war während des 12. bis 15. Jahrhunderts. In dieser Zeit entstanden die berühmtesten und eindrucksvollsten Glasfenster — so zum Beispiel die Fenster der Kathedrale Notre Dame in Paris mit ihrer einzigartigen Nordrose, die Fenster des Münsters zu York, der Kathedrale von Toledo und nicht zuletzt die Fenster der Kathedrale von Chartres mit ihrer unvergleichlichen Leuchtkraft.

Bis zur zweiten Hälfte des 16. Jahrhunderts wurden noch zahlreiche bedeutende Fensterverglasungen aus farbigem Glas, Schwarzlot, Silbergelb und Blei geschaffen. Mit dem Aufkommen von Schmelzfarben wandelte sich jedoch der Charakter der Glasmalereien; sie wurden eher zu Gemälden auf Glas. Die neuen Farben konnten auf einfaches farbloses Glas aufgetragen werden und boten die Möglichkeit, größere Scheiben mit nur wenigen Bleiruten zu gestalten. Diese verbliebenen Bleiruten waren lediglich aus statischen Gründen erforderlich und wurden mehr schlecht als recht in die Gesamtkonzeption des Bildaufbaus einbezogen. Statt konturbetonend wirkten sie eher störend. Es gab zwar eine große Auswahl an Farben, aber diese Farben nahmen dem Glas den größten Teil seiner Leuchtkraft und ließen es stumpf und flach erscheinen. Die durchgefärbten Farbgläser wurden zunehmend verdrängt und schließlich kaum noch hergestellt. So geriet die alte Kunst des Glasmachens langsam in Vergessenheit, und Anfang des 19. Jahrhunderts war niemand mehr in der Lage, Gläser herzustellen, die auch nur annähernd die Leuchtkraft des Glases in Chartres besaßen.

Der neue Weg der Glasgestaltung

Die Renaissance der Glasmalerei im 19. Jahrhundert ist untrennbar mit dem Namen Louis Comfort Tiffany verbunden. Neben seiner Tätigkeit als Baumeister, Maler, Fabrikant und Innenausstatter hatte er entscheidenden Anteil an der Wiederentdeckung der alten Glasmacherkunst und an der Weiterentwicklung der ursprünglichen Glasmalerei.

Im Jahre 1848 als Sohn eines bekannten New Yorker Juweliers geboren, hatte er schon frühzeitig Kontakt zu den „schönen Künsten". Sein Interesse an Glas wurde während einer Europareise geweckt, die er im Jahre 1865, im Alter von 17 Jahren, unternahm. Auf dieser Reise besuchte er auch die Kathedrale von Chartres, deren Glasfenster ihn außerordentlich faszinierten und zeitlebens einen nachhaltigen Eindruck bei ihm hinterließen. Seine künstlerische Laufbahn begann Tiffany allerdings als Maler, vielleicht auch deswegen, weil es zu dieser Zeit keine Gläser gab, die es ihm ermöglicht hätten, seinen künstlerischen Vorstellungen Ausdruck zu verleihen. Erst nachdem er als Maler schon recht bekannt und erfolgreich war, begann er, sich intensiv mit Glas zu beschäftigen. Er entwarf Glasfenster und ließ sich das benötigte Glas nach seinen Angaben in einer Glashütte herstellen. So entstanden einige Kirchenfenster und Verglasungen für Privathäuser. Die anfänglichen Ergebnisse stellten ihn jedoch nicht restlos zufrieden. Die Gläser entsprachen noch nicht seinen Vorstellungen, und das Bleinetz erschien ihm viel zu grob. So begann er nach Möglichkeiten zu suchen, die es ihm erlaubten, seine künstlerischen Vorstellungen in Glas umzusetzen. Sehr wichtig war ihm beispielsweise die natürliche Leuchtkraft und Schönheit des Materials, die nicht durch den Auftrag von Schmelzfarben beeinträchtigt werden sollten. Die ursprüngliche Transparenz und der juwelenhafte Glanz von Farbgläsern sollten erhalten bleiben und so einen wesentlichen Anteil des Gesamteindrucks bilden. Es gab allerdings nur wenige für ihn zugäng-

Ausschnitt aus dem Petrus- und Jessebaum-Fenster des Kölner Doms; gestiftet von Philipp von Daun, Erzbischof von Köln, 16. Jh.

9

Von der Glasmalerei zur Tiffany-Technik

liche Gläser in dieser Art, und seine Versuche mit fremden Glashütten hatten nicht den gewünschten Erfolg. So erwarb er — von Hause aus nicht unbegütert — eine Glashütte und experimentierte selbst. Schon nach kurzer Zeit war er dabei so erfolgreich, daß er die weitaus größte Zahl seiner Objekte ausschließlich mit durchgefärbten Gläsern ausführen konnte. Faltenwürfe an Kleidungsstücken, die gekräuselte Oberfläche eines Gewässers oder lichtes Blatt- und Astwerk im Hintergrund waren für ihn eine Herausforderung, die er durch die Kreation neuer Gläser meisterhaft bewältigte; mit einer Ausnahme: Es gelang ihm nicht, die Hände und Gesichter menschlicher Figuren als größere Flächen nur durch Glas herzustellen. Zu seinem großen Bedauern mußte er in diesen Fällen auf die Schwarzlot-Malerei zurückgreifen.

Um das Jahr 1900 war Tiffany einer der bedeutendsten Glashersteller. In seinen Glashütten entstanden Gläser von einer Schönheit, die man bislang noch nicht gekannt hatte. Seine Anforderungen in Bezug auf Leuchtkraft, Oberflächenstruktur und Farbton setzten Maßstäbe, die auch heute noch Gültigkeit besitzen.

Für die von Tiffany beabsichtigten filigranen und komplizierten Arbeiten waren die von ihm zunächst verwendeten schmalen Bleiruten noch zu grob. Er suchte daher nach einem geeigneten Ersatz und hatte die Idee, die Glasteile einzeln in dünne Kupferstreifen einzufassen. Diese Streifen wurden aus Blechen ausgeschnitten und auf der Rückseite mit Bienenwachs als Kleber beschichtet. Die Verbindung der Teile untereinander erfolgte mit Lötzinn. Auf diese Weise konnte er winzige Glasteile mit feinen Tonabstufungen zu einer großen Fläche oder geometrischen Körpern zusammenfügen und die kompliziertesten Formen realisieren. Zunächst verwendete er die neue Kupferfolientechnik für den Bau von Lampenschirmen, später dann auch für Glasfenster. Gelegentlich kombinierte er auch Folientechnik und Bleiverglasung in einem Objekt.

Von einigen Objekten Tiffanys, insbesondere aber von einigen seiner Glasfenster, geht eine eigentümliche Faszination aus, obwohl sie für den heutigen Betrachter vielleicht zu bunt oder überladen wirken. Versucht man, diese Faszination näher zu ergründen, so stößt man unwillkürlich auf die Verwandtschaft seiner Objekte zu Gemälden. Tiffany schwankte stets zwischen einer realistischen und einer mehr stilisierenden Darstellungsweise, ähnlich den mittelalterlichen Glasmalereien. Bei den realistischen Objekten konnte er die Vielfalt seiner Gläser in Farbton, Farbverlauf, Oberflächenstruktur und Tiefe voll zur Geltung bringen. Ohne einen zusätzlichen Farbauftrag schuf er Glasfenster, die nur mit Gemälden verglichen werden können. Er bemühte sich zwar, seine Fenster so realistisch wie möglich anzulegen, was jedoch nicht heißt, daß er versuchte, die Natur zu kopieren. Vielmehr interpretierte er die Natur mit dem Auge des Malers. Ein Blatt ist bei Tiffany nicht nur grün; oft setzt es sich aus mehreren anderen Farben zusammen und wirkt grün. Es hat eine Struktur, man ahnt seine Wölbung und sieht sogar unterschiedliche Lichtreflexionen. Farbe und Form fügen sich harmonisch in die Umgebung ein.

Seine Objekte zeigen oft eine auffallende Tiefe, die er mit einer bei Kunstverglasungen bis dahin ungewöhnlichen Deutlichkeit und Intensität der Licht- und Schattenpartien erzielte. Auch die mittelalterliche Glasmalerei hatte sich zwar schon dieses gestalterischen Mittels bedient, allerdings meist durch ein nachträgliches Schattieren der Farbgläser mit eingebranntem Schwarzlot.

Charakteristisch für Tiffany mag sein, daß er seine Glasobjekte mit den Augen eines Malers gesehen hat. Gläser waren für ihn in erster Linie Farben. Wie ein Maler auf seiner Palette, so mischte er in seinen Glashütten die Töne, die er sich vorstellte, und malte damit seine Glasbilder. Er nahm die Farbwahl so genau, daß er, wenn ein benötigter Farbton nicht in einer Glasscheibe vorhanden war, zwei oder drei Gläser im sogenannten Sandwich-Verfahren übereinanderlegte, bis schließlich der gewünschte Ton erreicht war.

Es kam auch vor, daß er mit seinem Spazierstock aus bereits fertiggestellten Verglasungen Teile wieder herausstieß, weil sie den Gesamteindruck störten. Seinen Mitarbeitern blieb dann nichts anderes übrig, als sich nach neuen Teilen umzuschauen. Dazu stand ihnen das vermutlich größte Glaslager der Welt zur Verfügung. Bis zu 200 Tonnen Glas in über 5000 verschiedenen Farben waren dort nach einem ausgeklügelten System kodiert und gelagert. So war es Tiffany ohne weiteres möglich, für ein einziges Blatt einer Mohnblüte mehrere in Frage kommende Gläser herauszufinden, um schließlich ein winziges Stück davon zu verwenden.

Obwohl sich L. C. Tiffany zweifellos um die Wiederbelebung der Glasmacher-Tradition und der Kunstverglasung verdient gemacht hat — der eigentliche Entdecker von Opalescentglas (oder Tiffany-Glas) ist er nicht. Diese Ehre gebührt John La Farge, der bereits um das Jahr 1875 mit Opalescentglas experimentierte und in Fensterverglasungen

„Magnolienfenster", ca. 160 cm x 92 cm, Tiffany Studios, New York um 1900, im Privatbesitz. Die Blütenblätter dieses Originals sind in „Draperies" ausgeführt. Das extrem strukturierte Glas läßt die Magnolien auch im unbeleuchteten Zustand überaus plastisch erscheinen. Der Vordergrund des Fensters wird von leuchtend blauen Irisblüten bestimmt, deren Farbton von der Fotografie nur unvollkommen wiedergegeben werden kann.

Der neue Weg in der Glasgestaltung

Von der Glasmalerei zur Tiffany-Technik

*"Kürbis und rote Bete", Tiffany-Studios 1900-1905. Das ca. 120 cm hohe Glasfenster ist ein Beispiel für Tiffanys „Malereien" in Glas. Die ungewöhnlich großen Einzelteile enthalten fast alle mehrere Farben und erinnern in ihrem Ausdruck an die Impressionisten.
(Foto: Will Rousseau aus: Hugh F. Mc Kean. Louis Comfort Tiffany, Kunstverlag Weingarten. 1981)*

verwendete. Doch schon kurze Zeit später wurden auch andere Künstler auf das neue Glas aufmerksam und begannen mit eigenen Entwicklungen oder kopierten einfach das La-Farge-Glas. So auch Tiffany. Er experimentierte zeitweise mit La Farge zusammen in der Glashütte Heidt in Brooklyn. Im Gegensatz zu La Farge kommerzialisierte er jedoch die Herstellung des neuen Glases und der daraus angefertigten Objekte.

Damit trat er so in den Vordergrund, daß aus Opalescentglas gefertigte Lampenschirme, Fensterverglasungen und auch das Glas selbst bis heute seinen Namen als Zusatzbezeichnung tragen.

Doch nicht nur L. C. Tiffany und John La Farge sondern auch David Lang, Stymetz Lamb und Frank Lloyd Wright waren hervorragende Glaskünstler des 19. und frühen 20. Jahrhunderts. Sie alle trugen dazu bei, der Glasmalerei neue Impulse zu geben und zu einer Renaissance zu verhelfen. Heute ist die künstlerische Gestaltung mit flachem Farbglas ein sehr breitgefächertes Betätigungsfeld. Techniken wie Glasätzen, Sandstrahlen, Facettieren, Betonverglasung mit Dickglas und die neue Fusingtechnik haben das Spektrum der gestalterischen Möglichkeit erheblich erweitert.

Tiffanys Kupferfolientechnik ist sogar zu einem sehr beliebten Hobby geworden. Geblieben ist der Werkstoff: Glas — dessen Leuchtkraft und Glanz durch kein anderes Material ersetzt werden kann.

Glasherstellung

Glas ist einer der ältesten Werkstoffe überhaupt. Aus Funden in Ägypten und im Indus-Tal, die aus dem 3. vorchristlichen Jahrtausend stammen, weiß man, daß die dortigen Bewohner bereits eine glasartige Substanz gekannt und verarbeitet hatten. Bei diesen Funden handelt es sich meist um Perlen, Ringe, Amulette und Gefäßscherben aus sogenannter Kieselkeramik, auch unter dem Namen „Fayencen" bekannt. Kieselkeramiken sind nicht durchsichtig und entstehen durch einen Sinterprozess bei Temperaturen um 700° C. Sie können als Vorstufe der Glaserzeugung angesehen werden, denn sie bestehen im wesentlichen aus den gleichen Grundstoffen.

Der eigentliche Beginn der Glaserzeugung kann wohl kaum vor 1550 v. Chr. angesetzt werden. Es gibt Hinweise, daß die Ägypter um diese Zeit Klarglas schmelzen und mit Hilfe der Gießtechnik zu Gefäßen weiterverarbeiten konnten. Ausgehend von Ägypten und dem vorderen Orient breitete sich die neue Kunst sehr schnell über den Mittelmeerraum bis nach Europa aus. Vor allem die Römer waren maßgeblich an der weiteren Entwicklung der Glasverarbeitung beteiligt. Sie fertigten vorwiegend Vasen, Schalen, Kelche und Schmuckgegenstände. Einige der schönsten erhaltenen Glasgefäße (z.B. die berühmte Portlandvase) stammen aus römischen Glaswerkstätten. Hier entstanden auch die ersten brauchbaren Flachgläser für Fensterverglasungen. Doch auch nördlich der Alpen im keltischen Sprachraum gelangte die Glasmacherei zu einer hochentwickelten Kunst. Die dort hergestellten Schmuckgegenstände waren überwiegend aus Klarglas gefertigt, das in seiner Reinheit für die damaligen Verhältnisse einzigartig war.

Mit der Erfindung der Glasmacherpfeife etwa um die Zeitenwende wurde die Entwicklung der Glaserzeugung ganz entscheidend geprägt. Nun war es möglich, dünnwandige Gefäße in vielen verschiedenen Formen herzustellen. Der Arbeitsaufwand konnte drastisch reduziert werden, und dank Serienproduktion, d.h. Glasblasen in feste Hohlformen, waren Glaserzeugnisse bald alltägliche Gebrauchsgegenstände.

Im Schmelzofen, auch „Hafen" genannt, werden die Glasrohstoffe miteinander verschmolzen (aufgenommen in der Glashütte Lamberts, Waldsassen).

Bestandteile des Glases

Wenn verflüssigte Stoffe (z.B. Metalle) abkühlen, bilden die zunächst völlig ungeordneten Moleküle in einem bestimmten Temperaturbereich (Transformationsbereich) eine geordnete Gitterstruktur (Kristallisation). Dann ist der Stoff fest.

Glas ist einer der wenigen Stoffe, bei denen dies nicht der Fall ist. Auch nach dem Erstarren hat es die für Flüssigkeiten typische ungeordnete Molekülstruktur. Man spricht daher auch von Glas als einer „unterkühlten Flüssigkeit".

Dieser Werkstoff besteht aus 70 bis 75 % Siliciumdioxid, das man dem Gemenge, aus dem das Glas erschmolzen wird, in Form von Sand zugibt. Etwa 12 bis 16 % beträgt der Anteil von Natriumoxid (Soda), das als Flußmittel dient. Es senkt den Schmelzpunkt des Sandes von ca. 1700° C auf Temperaturen um 800° C bis 900° C. Durch den weiteren Zusatz von etwa 10 bis 15 % Calciumoxid bekommt das Glas eine

Glasherstellung

ausreichende chemische Beständigkeit. Neben diesen drei Grundstoffen verwendete Tiffany unter anderem noch Zusätze an Pottasche, Borax und Arsen, um bestimmte Effekte zu erzielen.

Das Gemenge dieser Rohstoffe wird in einem Ofen bei ca. 1000° C bis 1200° C geschmolzen. Erst wenn keine ungelösten Sandpartikel mehr vorhanden sind, ist die sogenannte Rohschmelze abgeschlossen. Danach erfolgt die sogenannte Läuterung, bei Temperaturen zwischen 1300° C und 1600° C. Die Schmelze ist dabei sehr dünnflüssig und wird durch aufsteigende Gasbläschen gut durchgemischt. Je nach Glasart und Glasfarbe kann sich dieser Vorgang bis zu 2 Tage hinziehen. Werden — wie bei Antikgläsern — Bläschen im Glas gewünscht, dann wird die Läuterung früher beendet.

Farbe im Glas

Für die meisten in der Tiffany-Technik verwendeten Gläser ist ihre Trübung, ihre opalisierende Wirkung charakteristisch. Erzeugt wird sie durch die Zugabe von Weißtrübungsmitteln (u.a. Zinnasche oder Knochenasche), die in der Schmelze fein verteilt werden. Durch Knochenasche bilden sich kleine Tröpfchen von Phosphatglas, die die Glasmasse trüben, indem sie das Licht nicht ungehindert durchtreten lassen, sondern sehr stark brechen. Je nach der Menge der zugesetzten Trübungsmittel kann das entstandene Glas leicht opalisierend bis sehr dicht sein. Diese Gläser sind auch unter dem Namen Opalescentglas bekannt.

Dem sogenannten Kathedralglas werden keine Trübungsmittel zugesetzt, es besteht in der Regel aus durchgefärbten Klargläsern. Eine Zwischenstufe bildet das Colorescentglas. Mit Trübungsmitteln versehene Glasmasse und klare Glasmasse werden bei der Formgebung unvollständig gemischt und ergeben ein Glas mit opalisierenden und klaren Anteilen. Antikglas wird teils mit und teils ohne Trübungsmittel hergestellt. Oft beruht der opalisierende Effekt jedoch auch auf der unvollständigen Mischung zweier Glasschmelzen — ähnlich dem Colorescentglas — oder auf dem Überfangen eines Klarglases mit opalisierendem Glas.

Die eigentliche Farbgebung erfolgt ebenfalls durch die Zugabe von bestimmten Stoffen — allerdings nicht durch Farbpigmente, wie in der Malerei, sondern entweder durch Metall-Ionen oder mikroskopisch kleine Teilchen anderer Stoffe, die wie Farbfilter bestimmte Wellenlängen des sichtbaren weißen Lichts absorbieren. So absorbiert Eisenoxid den Rotanteil und läßt das Glas grün werden. Kobalt, Kupfer und Mangan erzeugen eine dunkelblaue bis hellblaue Färbung. Mit Uran lassen sich gelbe Farbtöne mit einer deutlichen Fluoreszenz, aber auch schwarze Gläser herstellen. An der Entwicklung eines bestimmten Farbtones hat die Zusammensetzung der Glasrohmasse einen entscheidenden Anteil. Schon geringe Schwankungen in der Konzentration der Zusatzstoffe können sehr verschiedene Tönungen hervorrufen.

Die zweite Art der Glasfärbung erfolgt durch kleine Partikel, die feinverteilt in der Glasmasse schweben. Goldteilchen erzeugen beispielsweise verschiedene Rot- und Rosatöne, während Silber eine Gelbfärbung hervorruft. Durch Cadmiumsulfid, Selenid und Selen lassen sich ebenfalls Töne von Gelb über Rosa bis Rot herstellen. Die Schwierigkeit der Partikelfärbung liegt darin, daß sich die Färbung nur bei einer bestimmten Konzentration des Färbemittels und bei einer bestimmten Schmelztemperatur und Schmelzdauer entwickelt. Teilweise müssen die Gläser (z.B. bei Rottönen) mehrfach wiederaufgewärmt werden, bis sich der Farbton zeigt. Der hohe Aufwand bei der Herstellung und die teils recht kostspieligen „Farbstoffe" machen sich natürlich auch im Preis bemerkbar.

Irisierendes Glas entsteht durch das Bestreuen der fertigen, aber noch heißen Glastafeln mit Metallsalzen oder durch das Aufstreuen von Metalloxiden, während sich die Tafeln in einem Aufwärmofen befinden. Die Oxide lagern sich auf der Oberfläche ab und erzeugen einen metallischen Glanz, der je nach Lichteinfall in anderen Farben schillert. Das irisierende Glas hatte man zwar schon vor Tiffany hergestellt, doch durch ihn wurde es erst richtig bekannt, und er hatte auch maßgeblichen Anteil an der Weiterentwicklung.

Formgebung des Glases

Vor der Formgebung wird die Glasschmelze wieder auf etwa 1000° C abgekühlt. Dadurch wird sie zähflüssiger und kann mit verschiedenen Verfahren weiterverarbeitet werden. Für die Herstellung von Tafelglas stehen zwei grundlegende Techniken zur Verfügung: die Kron- oder Zylinderglastechnik und das Walzen-Gieß-Verfahren.

Antikgläser werden, wie schon in den Anfängen der Glasbearbeitung, mit der Glasmacherpfeife hergestellt. Zunächst kannte man nur das Kronglas-Verfahren. Dabei blies man einen Posten zähflüssiger Glasmasse mit der Glasmacherpfeife zu einer Kugel auf, die dann am unteren Ende aufgeschnitten und mit schnellen Bewegungen ausgedreht wurde. So erhielt man eine runde Scheibe mit dünnen Rändern und einem dicken Mittelteil.

Seit dem 19. Jahrhundert bedient man sich jedoch mehr der Zylinderglastechnik. Der Glasbläser nimmt dazu einen Posten Glasmasse an die Pfeife und bläst ihn in mehreren Arbeitsgängen nach und nach zu einem Zylinder auf, dessen oberes und unteres Ende abgeschnitten wird. Nach dem Erkalten wird dieser Zylinder

Formgebung des Glases

Mit der Glasmacherpfeife wird der Glasposten in mehreren Schritten zu einem Zylinder aufgeblasen. Diese Arbeit erfordert sehr viel Kraft und Geschicklichkeit (aufgenommen in der Glashütte Lamberts, Waldsassen)

der Länge nach aufgeschnitten, in einem Streckofen erneut erhitzt und dabei zu einer Tafel aufgeklappt.

Die Farbgebung erfolgt bei den durchsichtigen Antikgläsern im Schmelzofen. Darüber hinaus gibt es jedoch auch die Möglichkeit eines Farbauftrages während des Blasens, den sogenannten Überfang. Dazu wird der Posten Grundglas während des Aufblasens mit einem Überzug aus einer zweiten, andersfarbigen Glasschmelze versehen. Die beiden Gläser bilden zwar eine homogene Masse, vermischen sich jedoch nicht. Durch bestimmte Fertigungstechniken lassen sich sehr gleichmäßige Überfänge, aber auch sogenannte „Abrisse" erzielen. Als Abriß bezeichnet man einen Überfang, der nur teilweise das Grundglas überzieht, weil er während des Blasens an einer zu dünnen Stelle aufreißt. Je nach Wunsch kann ein Überfang Streifen oder größere geschlossene Flächen bilden. Durch mehrere Überfänge in verschiedenen Farben lassen sich Glastafeln mit praktisch unbegrenzten Farbkombinationen herstellen, die im Grunde alle als Unikat bezeichnet werden können.

Durch die Art ihrer Herstellung bedingt, sind die Antikgläser in ihrer Stärke oft recht unterschiedlich. Zum Rand hin werden sie sogar sehr dick, weil sich die Kanten nach dem Aufschneiden des Zylinders zusammenziehen. Doch auch sonst sind die Antikgläser nicht ganz „fehlerfrei". Charakteristisch sind beispielsweise die kleinen Gaseinschlüsse (Bläselung), die — je nach Wunsch — eine runde oder eine längliche Form haben, häufig oder auch nur vereinzelt auftreten können. Fehler solcher Art machen die Gläser erst reizvoll, und so manches außergewöhnliche Stück einer Verglasung entstammt einer scheinbar fehlerhaften Tafel.

Dazu ein Auszug aus den technischen Richtlinien des Glaserhandwerks Nr. 14, 2. erweiterte Ausgabe 1981:
„*Danziger Glas, Craquelée, Goetheglas und Überfangglas (versch. Arten des Antikglases, Verf.) werden nach überlieferten Fertigungsverfahren mit der Glasmacherpfeife mundgeblasen. Die Glasschmelze wird so eingestellt, daß das Glas mit seiner „Hobelung" oder den „Winden", „Ochsenaugen" und sonstigen Strukturen seinen unverwechselbaren Charakter erhält. Leichte Farbschwankungen, unterschiedliche Farbdicken, Hüttenrauch, offene Blasen, Haarrisse in der Glasschichtung, Schürfe, leichte Kratzer, rauhe Stellen und Abdrücke sind also wie bei Originalmittelalterlichen Gläsern fertigungstechnisch bedingt. Erzeugnisse aus mundgeblasenem Glas haben die Merkmale alter Handwerkskunst. Sie sind echte Handarbeit.*"

Wenn der Boden abgetrennt ist, wird der Zylinder geweitet. Anschließend schneidet man auch den oberen Teil ab und erhält eine Walze (aufgenommen in der Glashütte Lamberts, Waldsassen)

Glasherstellung

Bei der Herstellung von „Fractures and Streamers" werden zunächst dünne Glassplitter und Glasfäden auf dem Walztisch verteilt. Aufgenommen in den Uroboros Glas Studios, Portland, USA. Fotos: F. Frisch

Mit der Schöpfkelle wird anschließend die flüssige Glasmasse aus dem Ofen entnommen und zusammen mit den Splittern und Fäden ausgewalzt. Aufgenommen in den Uroboros Glas Studios, Portland, USA. Fotos: F. Frisch

Opalescent- und Kathedralgläser werden mit Walzen hergestellt. Die zähflüssige Glasmasse wird entweder zwischen zwei Walzen zu einer Tafel gequetscht oder mit einer Walze auf einem Walztisch ähnlich einem Kuchenteig ausgewalzt. Jede Tafel wird einzeln hergestellt und hat somit ihren eigenen Charakter. Die verschiedenen Oberflächenstrukturen werden zum großen Teil durch Walzen mit entsprechenden Mustern erzeugt. Bestimmte Farbverteilungen ergeben sich, wenn zwei oder mehrere verschiedenfarbige Schmelzen zusammen ausgewalzt werden oder wenn einem Grundglas während des Walzens weitere Farben zugegeben und mit verschiedenen Werkzeugen verrührt werden. Auch die bereits ausgewalzten Tafeln können noch weiter bearbeitet werden.

So entstehen z.B. Ripple-Gläser oder Draperies (Gläser mit extrem welliger Oberflächenstruktur), indem man die noch weiche Tafel staucht oder schüttelt, damit sie Falten wirft. Um das sogenannte Fractured Glas (ein von Tiffany entwickeltes Hintergrundglas) zu erhalten, werden vor dem Auswalzen hauchdünne Glaskugeln auf dem Walztisch zerbröselt und anschließend mit der Glasmasse überwalzt.

Wie alle Gläser, müssen auch Tafeln aus Opalescentglas nach dem Erstarren „getempert" werden, um die im Glas vorhandenen Spannungen abzubauen. Das geschieht in einem Kühlofen, in dem die Tafeln nochmals erhitzt und dann sehr langsam abgekühlt werden. Erst danach ist das Glas für die eigentliche Verarbeitung geeignet.

Opalescent- und Kathedralglas wird auch maschinell hergestellt. Dabei durchläuft es in einer Art Straße einen endlosen Prozess von der Rohmasse über die Schmelze bis zum Auswalzen und Tempern. In solchen Straßen können bei tageweiser Produktion binnen 24 Stunden 10 Tonnen, oder – bei Dauerproduktion – bis zu 400 Tonnen Tafelglas erzeugt werden.

Maschinengezogenes Glas hat eine gleichmäßige Stärke sowie eine extrem glatte Oberfläche und läßt sich gut schneiden. Es ist sehr billig, hat dafür jedoch bei weitem nicht die Leuchtkraft und das Farbspiel der handgearbeiteten Gläser.

Sehr interessant sind die maschinell hergestellten Klargläser mit Struktur. Sie werden üblicherweise in Fabrikhallen, Krankenhäusern und Badezimmern als Sichtschutz verwendet. Doch auch für moderne Fensterverglasungen mit der Tiffany-Technik sind sie sehr gut geeignet. Die verschiedenen Strukturen lassen sich gut miteinander kombinieren, und in Verbindung mit wenigen Farbglasteilen können ungewöhnliche Effekte erzielt werden.

Die Zusatzstoffe im Glas verändern dessen Eigenschaften. Dies ist der Grund dafür, daß eine Farbe besser zu schneiden ist als eine andere. Da sich aus einigen Stoffen verschiedene Farbtöne erzeugen lassen, ist die jeweilige Glasfarbe jedoch kein verläßlicher Anhaltspunkt für das Schneideverhalten. Doch sind in der Regel die cadmium- und selenhaltigen Gläser (vorwiegend Gelb- und Rottöne) härter und deshalb schwieriger zu schneiden.

Glassorten und ihre Anwendung

Die Antikgläser sind im Gegensatz zu anderen Gläsern weich und lassen sich trotz ihrer Unregelmäßigkeiten mit wenig Druck gut schneiden.

Bei Opalescentgläsern wird das Schneidverhalten auch durch die Walztechnik beeinflußt. Tafeln, die aus mehreren Glasmassen zusammengewalzt werden, können problematischer sein als solche, die nur aus einer Schmelze bestehen. Auch die Glasmaserung spielt eine Rolle. Es ist einfacher mit, als gegen die Maserung zu schneiden.

Dennoch sollte die Glasauswahl nicht allein durch das Schneidverhalten bestimmt werden, denn mit etwas Geschick läßt sich auch das schwierigste Glas verarbeiten. Viel wichtiger als die Schneidbarkeit des Glases ist die spätere Wirkung des Objektes.

Glassorten und ihre Anwendung

Ein guter Entwurf kann durch ungeeignetes oder falsch angewendetes Glas viel von seiner Wirkung verlieren. Nicht von ungefähr wählte L. C. Tiffany mit großer Sorgfalt Farbe und Struktur aus. Diese Liebe zum Detail unterscheidet seine Objekte von vielen anderen und ist das Geheimnis seines großen Erfolges. Nicht jeder kann, wie Tiffany, seine Farben aus 5000 verschiedenen Tönen auswählen, doch jeder kann mit einem etwas geschulten Auge durch die geeignete Glaswahl mehr aus seinen Objekten machen. Die Wahl der Grundfarbe ist dabei nicht unbedingt von entscheidender Bedeutung, weil Farben sehr unterschiedlich empfunden werden — ein Lampenschirm kann in Blau und Grün genauso angelegt werden wie in Gelb und Rot. Die gezielt ausgesuchten und richtig eingesetzten feinen Farbabstufungen und Maserungen sind es, die so manchem Objekt erst den letzten Schliff geben.

Man muß „nur" aus den vorgegebenen Glastafeln genau die richtige Stelle ausschneiden.

Das in Tiffanys Glashütte entwickelte Fractures-and-Streamers-Glas ist besonders als Hintergrund für florale Motive geeignet. Die ins Glas eingewalzten flachen Glassplitter und Glasfäden erwecken den Eindruck von Blättern und kleinen Ästchen, die unscharf in der weiteren Entfernung zu sehen sind. Sie ergänzen die Darstellung des Vordergrundes und erzeugen eine räumliche Tiefe.

Aus der Vielzahl möglicher Gläser können hier leider nur einige typische Arten vorgestellt werden.

Fractures-and-Streamers-Glas wird in verschiedenen Farben hergestellt. So kann fast immer die zum Vordergrund passende Farbe ausgewählt werden. Meist finden sich in einem Glas ein Grünton und eine oder zwei weitere Farben.

Die abgebildete Tafel stammt aus dem Uroboros Glasstudio und hat die Farbnummer 11-51.

Glasherstellung

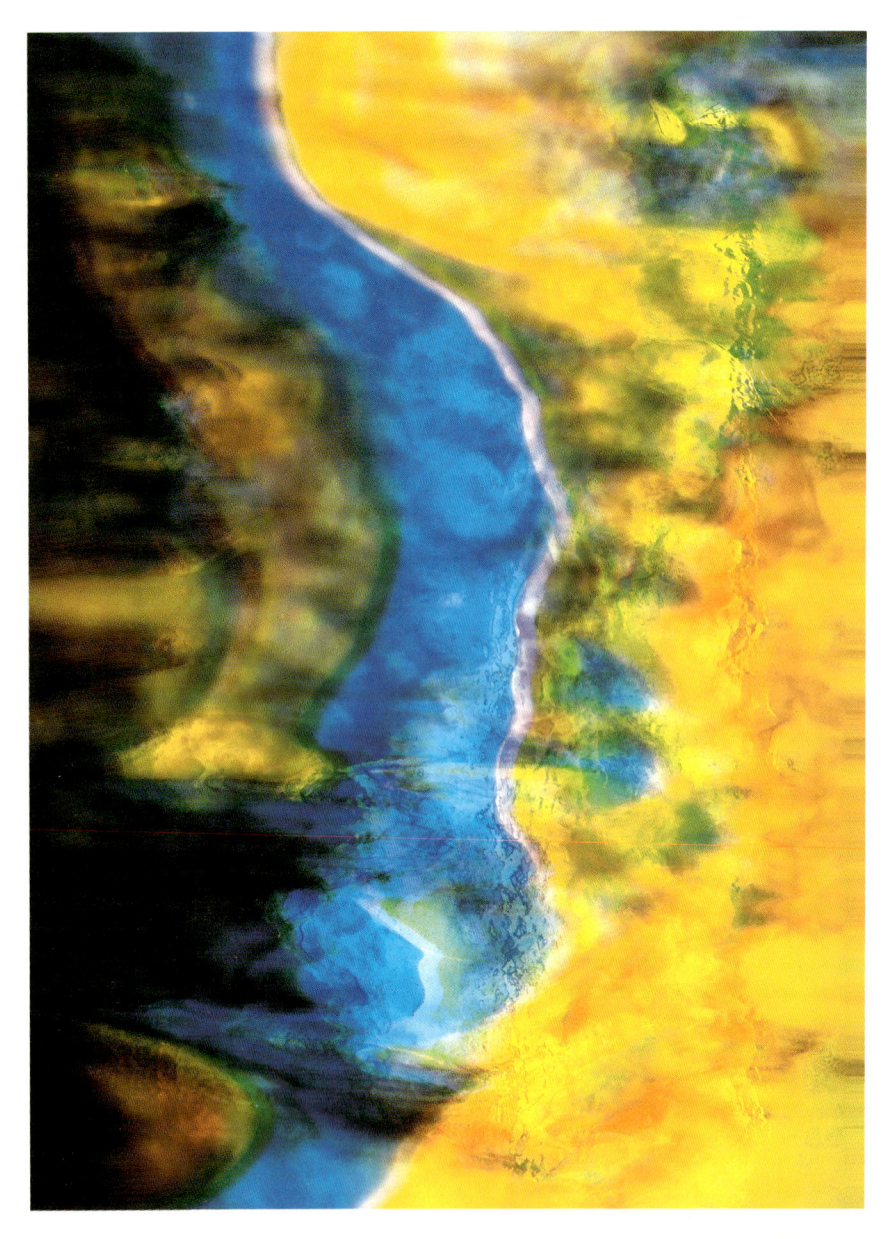

Mehrfarben-Opalescentgläser haben oft einen großen farblichen Spielraum. Aus einer Tafel der abgebildeten Farbnummer 65-95 von Uroboros wurde der Lampenschirm "Patchup" (siehe S. 66) angefertigt. Die einzelnen Farben wurden aus ihren teilweise sanften Verläufen herausgeschnitten und im Lampenschirm neu zusammengestellt. Dadurch ergeben sich die recht harten und lebhaften Farbkontraste.

Ein exzellentes Mehrfarbenglas wird auch von der amerikanischen Glashütte Lins hergestellt. Die Tafeln haben keine Farbnummern und sind echte Unikate. Die großen Unregelmäßigkeiten in der Stärke und die Verunreinigungen weisen deutlich darauf hin, daß es sich um handgewalzte Gläser handelt. Sie haben eine hohe Lichtbrechung und eine außergewöhnliche Leuchtkraft.

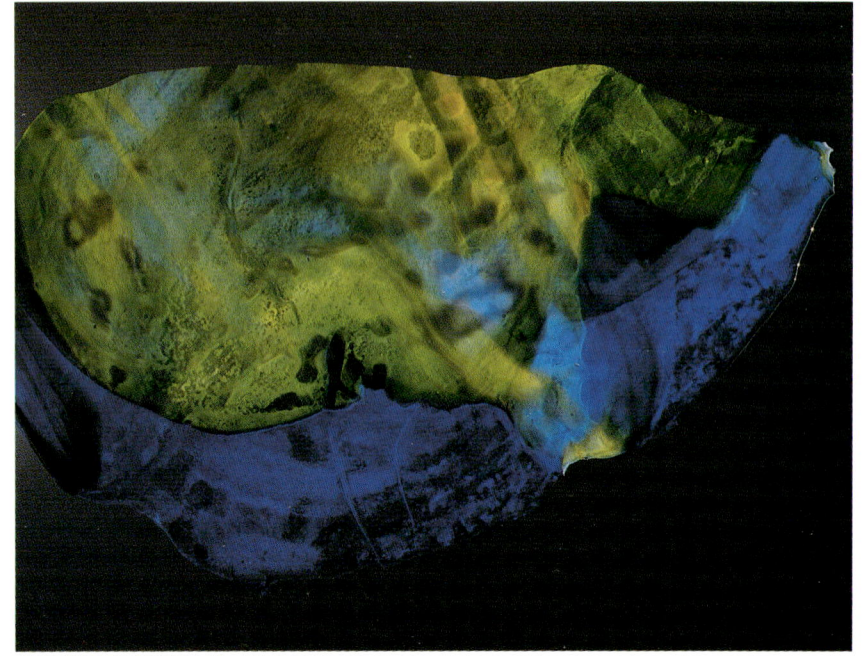

Glassorten und ihre Anwendung

Maschinell hergestellte Kathedralgläser werden überwiegend in Tür- und Fensterverglasung verwendet. Die Abbildung zeigt eine Tafel der Glashütte Wissmach mit der Bezeichnung Corella-Classic 31.

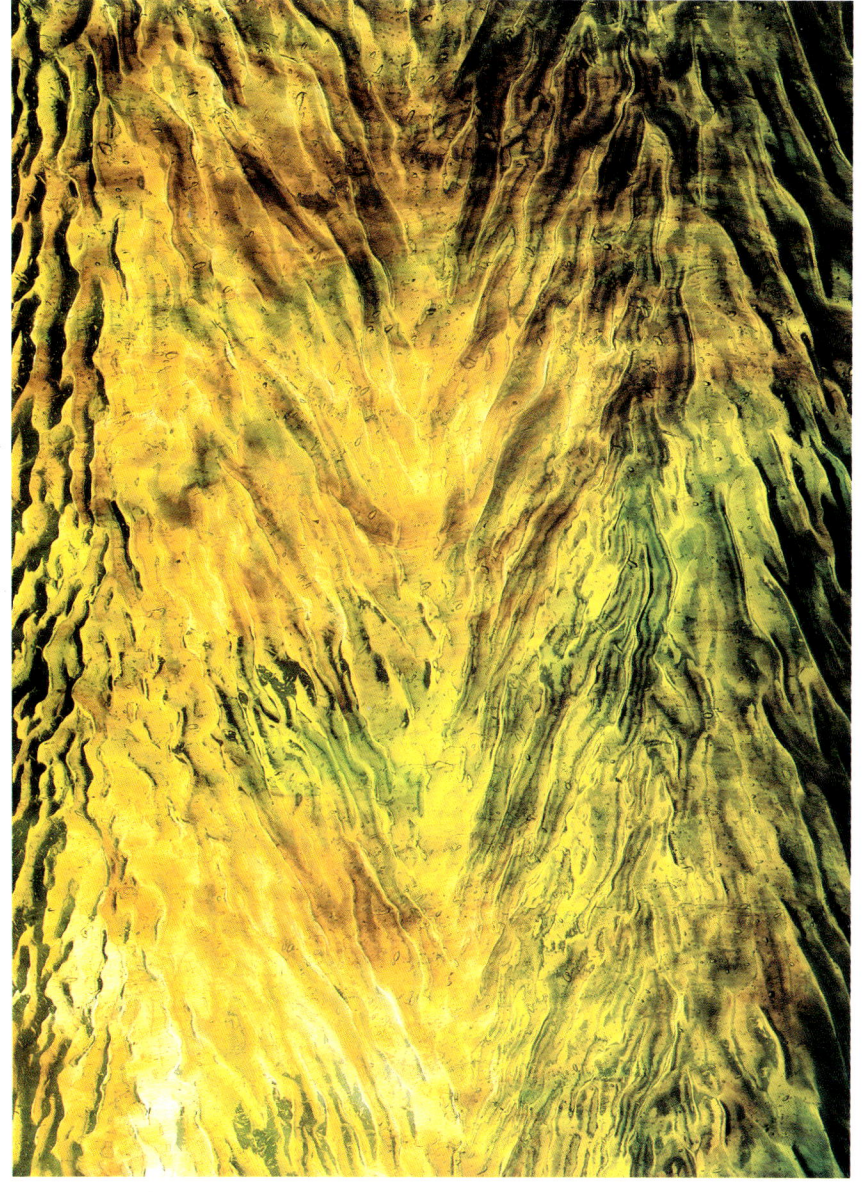

Unregelmäßige Glasoberflächen erzeugen ein sehr ausdruckstarkes Lichtspiel, das sich unter wechselndem Blickwinkel ständig verändert. Tiffany verwendete solche "Rippelgläser" als Hintergrund für florale Motive oder auch für Blatt- und Baumdarstellungen. Die etwas schwierigere Verarbeitung sollte nicht davon abhalten, diese lebhaften Gläser zu verwenden. Zumeist ist eine Seite glatt und läßt sich gut schneiden. Die abgebildete Uroboros Tafel hat die Farbnummer 50-14.

Für die Gestaltung eines Glasobjektes ist nicht nur die Glasfarbe, sondern auch die Maserung von Bedeutung. Die beiden Beispiele zeigen, welchen Einfluß die Glasmaserung auf das gesamte Objekt hat. Die Abbildung links verdeutlicht, wie es nicht gemacht werden sollte: Der einfache Vogel besteht aus einem Glasstück, das in vier Einzelteile zerschnitten, in Kupferfolie gefaßt und wieder zusammengelötet wurde. Außer der Farbe ist auch noch der Maserungsverlauf in allen Teilen gleich und nicht der Darstellung angepaßt. Das Motiv wirkt dadurch ausgesprochen langweilig.

Bei dem rechten Objekt bestehen zwar auch einige nebeneinander liegende Teile aus einem Glasstück, aber der Maserungsverlauf wurde sehr geschickt ausgenutzt, um neben den Konturen der Lötnähte auch eine differenzierte farbliche Ausgestaltung möglich zu machen. Das Objekt wirkt wesentlich lebendiger, weil Maserung und Farben gut auf das Motiv abgestimmt sind. Es lohnt sich also, aus großen Glastafeln die geeigneten Stücke herauszusuchen.

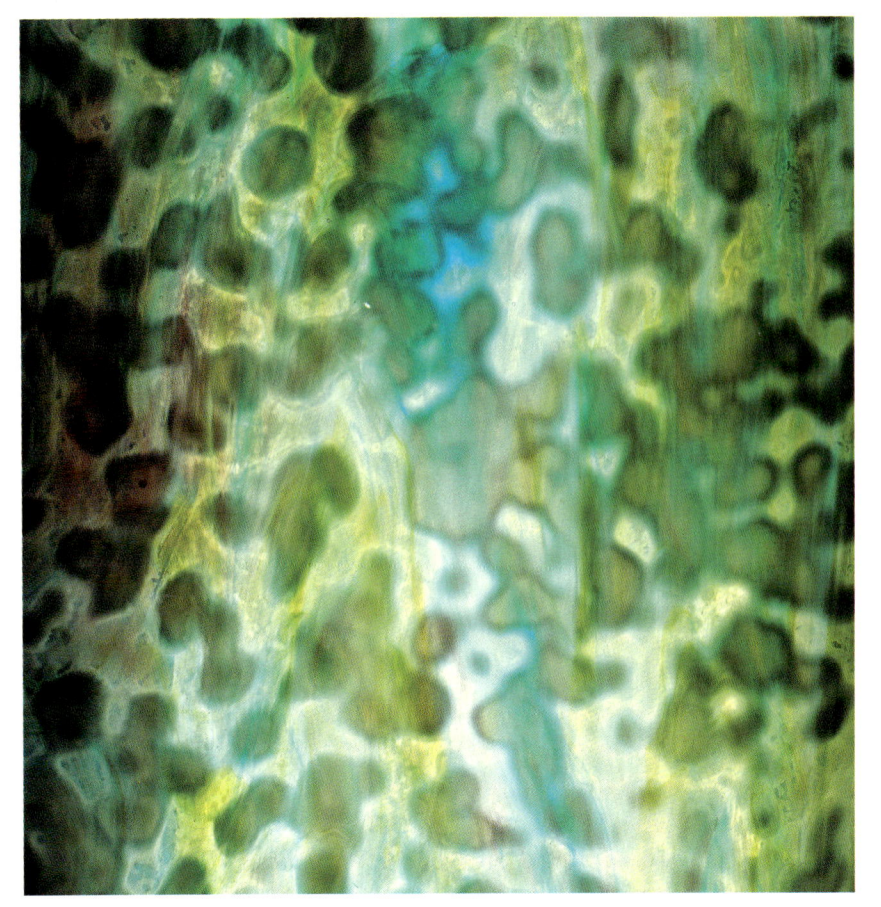

Ring-Mottled-Glas läßt sich unter anderem auch sehr gut als Hintergrundglas verwenden. Beim Lampenschirm „Acorn" (siehe S. 67) wurde Ring-Mottled-Glas zusammenhängend gebraucht, d.h. die Schablonen wurden nebeneinander auf das Glas aufgezeichnet, ausgeschnitten und auf dem Schirm wieder zusammengesetzt. Dadurch ergibt sich ein durchgehender Maserungs-, bzw. Mottle-Verlauf. Dies Methode sollte allerdings nur angewendet werden, wenn ein ruhiger Hintergrund erzielt werden soll.

Außer den Gläsern mit verhältnismäßig scharf abgegrenzten „Katzenpfötchen" gibt es noch Gläser mit unregelmäßigen Mottles. Die abgebildete Tafel der Glashütte Bullseye trägt die Farbnummer 6002.

Glassorten und ihre Anwendung

Der Lampenschirm „Wein" (siehe S. 51) wurde aus dieser Tafel Uroboros 65-76 zusammengestellt.

Die einzelnen Weinreben sind durch die Glasfarbe und die Glasmaserung differenziert ausgestaltet und voneinander abgesetzt.

S 244 Blau, Rot und Selengelb auf Weiß

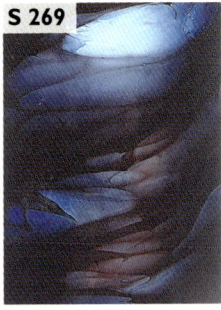

S 245 Silbergelb und Violett auf Gelb

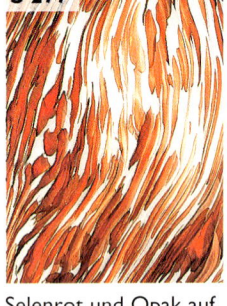

S 247 Grün, Gelb und Violett auf Braun

S 258 Blau auf Türkis

S 259 Blau auf Weiß

S 269 Rot und Blauopak auf Grün

S 277 Selenrot und Opak auf Weiß

S 282 Grauviolett und Opak auf Weiß

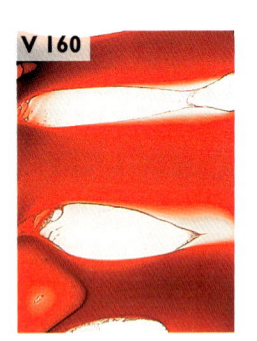

S 300 Goldrosa auf Weiß

S 324 Blau auf Blau

S 383 Goldrosa, Rot und Blau auf Weiß

S 419 Gelb und Grün auf Weiß

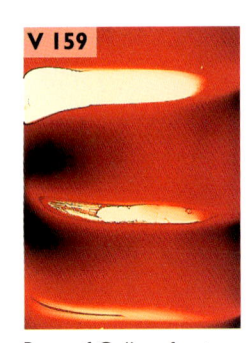

S 622 Goldrosa, Blau und Gelb auf Weiß

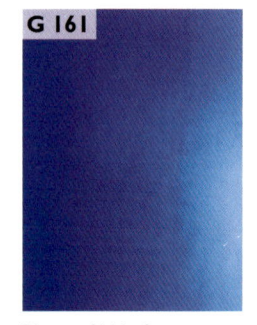

S 652 Goldrosa und Silbergelb auf Weiß

V 160 Rot auf Weiß aufgerissen

G 157 Rot auf Blau abgeflacht schattiert

V 159 Rot auf Gelb aufgerissen

G 161 Blau auf Weiß abgeflacht schattiert

V 191 Opak auf Gelb aufgerissen

Eine Auswahl an Streaky-Antikgläsern. Die Tafeln stammen aus der Glashütte Lamberts.

Glas für Lampen und Fenster sollte bei der Auswahl immer im Durchlicht betrachtet werden, und zwar mit der später verwendeten Leuchtquelle, d.h. bei Lampenglas vorwiegend mit normalen Glühbirnen und bei Fenstern möglichst mit Kunstlicht, das in etwa dem Tageslicht entspricht. So kann der spätere Farbeindruck annähernd richtig beurteilt werden. Glas bekommt durch Glühbirnen einen warmen, leicht rötlichen Ton, während es im Vergleich dazu mit Tageslicht wesentlich kälter wirkt.

Der technische Ablauf von Tiffany-Verglasungen

Die Grundtechniken der Glasverarbeitung haben sich seit Tiffanys Zeiten nicht sehr verändert. Nach wie vor ist liebevolle und aufwendige Handarbeit nötig, um Lampenschirme oder Fensterverglasungen mit Hilfe seiner Technik anzufertigen. Es gibt allerdings einige Tricks und Kniffe, die die Arbeit vereinfachen und Fehler vermeiden helfen. Um möglichst viele davon zu vermitteln, soll in diesem Kapitel ausführlich auf die Grundtechniken eingegangen werden.

Was sich seit Tiffany verändert hat, ist die Auswahl und die Qualität der benötigten Werkzeuge und Materialien. Aus dem vielfältigen Angebot kann hier jedoch nur eine kleine Auswahl an bewährten Artikeln vorgestellt werden.

Der Entwurf

Am Anfang jeder kreativen Tätigkeit steht eine Idee, eine Vorstellung, die es in die Wirklichkeit umzusetzen gilt. Gerade bei der Glasgestaltung mit der Tiffany-Technik muß man bei dieser Umsetzung äußerst diszipliniert vorgehen, wenn man Enttäuschungen vermeiden will. Eine Reihe von Vorarbeiten, die unter dem Begriff „Entwurf" zusammengefaßt werden können, entscheiden schon recht frühzeitig, ob ein Vorhaben gelingt oder nicht.

Da ist zunächst die erste Skizze, die eine Idee in groben Zügen festhält und an der man oft schon sehen kann, ob das geplante Objekt in seiner ursprünglichen Form mit den Mitteln der Tiffany-Technik umgesetzt werden kann. So müssen sich zum Beispiel die einzelnen Glasteile mit dem Glasschneider herstellen lassen, und eventuelle Verstärkungen müssen abgeschätzt werden. Bei Lichtobjekten muß die Frage der Beleuchtung geklärt werden, und auch die Wahl der Glasfarbe und der Glasart kann — im Hinblick auf die spätere Verwendung des Objektes — in diesem frühen Stadium schon von Bedeutung sein.

Bei Fenster- oder Türverglasungen müssen die genauen späteren Abmessungen in den Entwurf übernommen werden (siehe auch Kap. „Besonderheiten beim Entwurf", siehe S. 78).

Erst nach diesen Vorüberlegungen folgt der eigentliche Entwurf. Er sollte sofort im Maßstab 1:1 auf dünnem Schablonenkarton ausgeführt werden. Dadurch erspart man sich die unnötige Arbeit des späteren Vergrößerns und hat von Anfang an eine genaue Vorstellung von der Originalgröße. Nicht jeder Entwurf läßt sich wahllos in seiner Größe verändern, ohne etwas von seinem Charakter zu verlieren — auch wenn die Proportionen gleichgeblieben sind.

Stimmt der Entwurf, so wird er auf Transparentpapier kopiert, das später als Arbeitsvorlage dient. Die Schablonenteile und die ausgeschnittenen Glasteile können darauf auf ihre Paßgenauigkeit, bzw. auf ihre Farbwirkung überprüft werden. Um die Einzelteile besser zuordnen zu können, werden sie auf dem Schablonenkarton und auf der Arbeitsvorlage mit den gleichen Nummern versehen. Bei Vorlagenmappen oder Lampenbausätzen erübrigt sich natürlich der Entwurf. Hier wird lediglich eine Papiervorlage auf Schablonenkarton oder ein Schablonenkarton auf eine Arbeitsvorlage kopiert.

Herstellung der Schablone

Um die Einzelteile des Entwurfes aus Glastafeln ausschneiden zu können, muß zunächst ihre Form darauf übertragen werden. Dies geschieht mit Hilfe von Schablonen, die den Teilen des Entwurfes in der Linienführung genau entsprechen. Üblicherweise bestehen diese Schablonen aus einem nicht zu starken Zeichenkarton, der leicht geschnitten werden kann und der dennoch recht formstabil bleibt. Nur bei Serienanfertigungen empfiehlt sich — wegen der längeren Haltbarkeit — eine Schablone aus Messing- oder Kupferblech. In der traditionellen Bleiverglasung, bei der die Ränder der einzelnen Glasteile nicht ganz so sauber gearbeitet sein müssen, werden die Metallschablonen oft als Schneidschablonen verwendet, d.h. sie werden auf das Glas gelegt und direkt mit dem Glasschneider umfahren. Dadurch erübrigt sich das bei Schablonen aus Karton notwendige Nachzeichnen mit einem Glasschneider.

Zunächst wird die Vorlage mit Blaupapier auf einen entsprechend großen Bogen Zeichenkarton übertragen. Die Nummern der Vorlagenteile müssen mit übernommen werden, um die Schablonenteile später ihrem entsprechenden Platz auf der Arbeitsvorlage zuordnen zu können. Anschließend können die Teile ausgeschnitten werden. Dabei muß unbedingt bedacht werden, daß die Schablonenteile später mit einer etwa 1 mm starken Linie auf das Glas übertragen werden, d.h. daß die aufgezeichneten Teile also insgesamt etwas größer ausfallen als die Schablone. Die

Der technische Ablauf von Tiffany-Verglasungen

Die Vorlage muß gut auf dem Schablonenkarton fixiert werden, damit die Kopie möglichst genau wird.

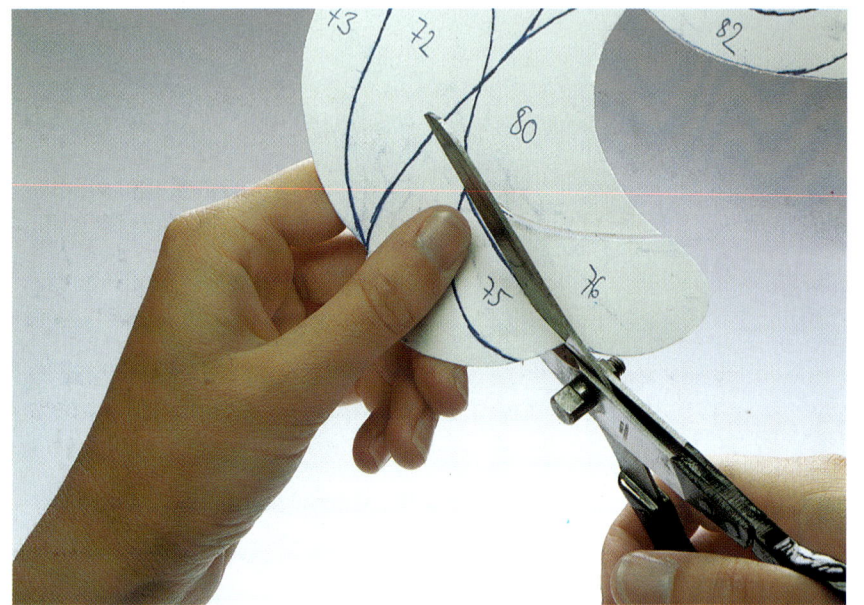

Die maßgebende Schablone ist der von den Markierungslinien umschlossene Raum ohne die Linie selbst. Daher wird rechts und links der Markierungslinie geschnitten. Die spezielle Schablonenschere hat zwei Schneiden und trennt in einem Arbeitsgang die Markierungslinie zwischen den einzelnen Teilen heraus. Sie ist etwas schwieriger in der Handhabung als eine normale Schere. Kurvenschnitte werden am besten nur mit dem hinteren Schneidenstück in ganz kurzen Schnitten durchgeführt.

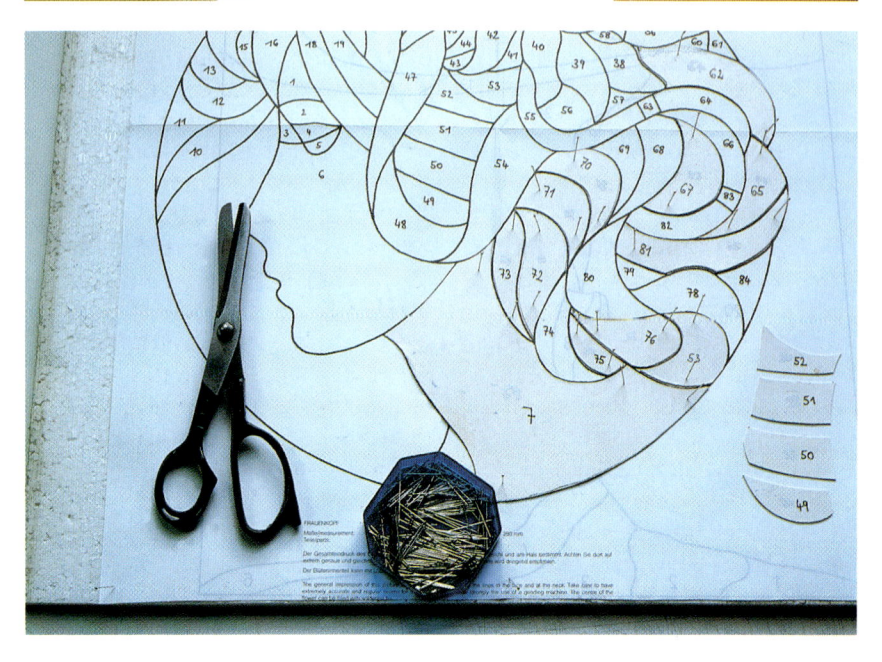

Bevor die Schablonen auf das Glas übertragen werden, sollten sie mit Stecknadeln auf der Arbeitsvorlage montiert und sorgfältig auf ihre Paßgenauigkeit hin überprüft werden. Zwischen den Teilen muß etwa 1 mm bis 1,5 mm Luft sein. Ungenaue Schablonen sind leichter zu korrigieren als ungenaue Glasteile.

Differenz von 1 mm mag sich gering anhören, bei 10 nebeneinander liegenden Glasteilen summieren sich jedoch die 10 mal 1 mm zu einem Zentimenter Gesamtunterschied. Ein Objekt mit festgelegten Außenmaßen könnte so nicht mehr passgenau zusammengefügt werden. Um diese ungewollte Vergrößerung zu vermeiden, kann man natürlich mit dem Glasschneider an der Innenseite der aufgezeichneten Linie entlangfahren; damit wären die Glasteile genau so groß wie die Schablonenteile. Doch würden dann die weggefallenen Linien keine Orientierungshilfe beim späteren Schleifen bieten.

Die Korrektur wird daher schon beim Ausschneiden der Schablonenteile vorgenommen. Die Linien auf dem Zeichenkarton sollten eine Stärke von minimal 1 mm und maximal 1,5 mm aufweisen. Werden nun die Schablonenteile an der Innenseite ihrer Markierungslinie ausgeschnitten, so fällt diese Linie weg. Wenn anschließend die Teile an Hand der Arbeitsvorlage auf ihre Paßgenauigkeit überprüft werden, müssen sie untereinander 1 mm bis 1,5 mm „Luft" haben. Beim Übertragen auf das Glas vergrößern sie sich wieder um etwa 1 mm (Strichstärke des Glasschreibers), und wenn dann mit dem Glasschneider genau auf der Markierungslinie geschnitten wird, paßt jedes Teil exakt an seinen Platz in der Arbeitsvorlage und bietet darüber hinaus noch eine Orientierungshilfe beim Schleifen.

Anstatt mit einer normalen Schere an beiden Seiten der Markierungslinien entlangzuschneiden, kann auch eine sogenannte Schablonenschere verwendet werden. Diese Scheren haben eine doppelte Schneide und trennen mit einem Schnitt einen Streifen aus dem Karton heraus. Bei Scheren für die Folientechnik ist der Streifen 1 mm und bei Scheren für die Bleiverglasung 1,5 mm breit. Dadurch bekommen die Schablonenteile sofort die richtige Größe. Der Umgang mit Schablonenscheren erfordert allerdings etwas Übung; besonders bei Kurvenschnitten sind sie nicht so leicht zu führen wie normale Scheren.

Schneiden des Glases

Obwohl der Begriff „Glas schneiden" nicht ganz zutreffend ist, wird er doch allgemein verwendet um den Vorgang des Glastrennens zu bezeichnen. Dieser Vorgang besteht aus zwei Arbeitsgängen:
— dem Anritzen der Glasoberfläche und
— dem Brechen oder Zerteilen.

Die älteste, bekannte Anweisung zum Glasschneiden ist uns aus der Zeit um 1100 oder Anfang des 12. Jahrhunderts überliefert und stammt von Theophilus Presbyter. Er schreibt in seinem Traktat „Schedula diversarum artium": *"Vom Zerschneiden des Glases: Mache dann ein Trenneisen am Herde heiß, welches allerorts dünn, am Ende dicker sei. Wenn es am dickern Ende glüht, setze es auf das Glas, welches du zertheilen willst, und in Kurzem wird sich der Anfang eines Bruches zeigen. Wäre aber das Glas hart, so befeuchte es durch den Finger an der Stelle mit Speichel, wo du das Eisen aufgesetzt hast; wie dies nun sogleich springt, fahre mit dem Eisen so, wie du abtrennen willst, und die Spaltung erfolgt."* (Kap. 18, 2. Buch).

Lange Zeit war dies die übliche Methode des Glaszerteilens. Den beschränkten Möglichkeiten dieser Technik entsprechend, bestanden denn auch die damaligen Glasfenster aus Einzelteilen, die recht einfach herzustellen waren. Erst ab dem 17. Jahrhundert setzte sich allmählich der Diamantglasschneider durch. Am unteren Ende eines Holzschaftes wurde ein spitz zugeschliffener Diamant befestigt, mit dem man die Glasoberfläche viel genauer anritzen konnte als mit einem Trenneisen. Trotzdem verlangte auch die Arbeit mit dem Diamanten ein hohes Maß an Feingefühl und Erfahrung. Dieses Werkzeug mußte stets in der gleichen Handhaltung angewendet werden, weil eine veränderte Anritzhaltung den Zuschliff des Diamanten zerstört hätte. Es verwundert daher nicht, wenn die Kunstglaser der damaligen Zeit ihren Diamanten wie ihren Augapfel hüteten und keinen anderen damit schneiden ließen.

Beim Glasschneiden mit der Hand ist mittlerweile auch der Diamant überholt. An seine Stelle ist ein Rädchen aus speziell gehärtetem Metall getreten. Damit ist es möglich, selbst schwierigste Konturenschnitte sicher und genau durchzuführen.

Glasschneider

Moderne Glasschneider sind Präzisionswerkzeuge, die bei richtiger Anwendung ein hohes Maß an Schneidsicherheit bieten, d.h. die Bedingungen für einen optimalen Bruch schaffen können.

Das Herzstück eines solchen Werkzeuges ist das Schneidrädchen, das im Schneidkopf gelagert ist. Die Köpfe sind in der Regel auswechselbar, so daß an einem Schaft ein schmaler Kopf für den Konturenschnitt oder ein breiter Kopf für den Linealschnitt benutzt werden kann. Bei manchen Schneidern hat man sogar die Wahl zwischen verschiedenen Köpfen bzw. Schneidrädchen für unterschiedliche Glasstärken.

Die Rädchen hochwertiger Glasschneider bestehen aus einem besonders gehärteten Metall und erzeugen damit eine sehr feine und gleichmäßige Anritzlinie. Gegenüber den Rädchen normaler Glasschneider, die wegen ihres weicheren Materials weniger für die Gläser der Tiffany-Technik geeignet sind, haben sie eine deutlich längere Haltbarkeit und erzielen ein wesentlich besseres Schneidergebnis.

Die Anschleifwinkel der Schneidrädchen liegen zwischen 114°

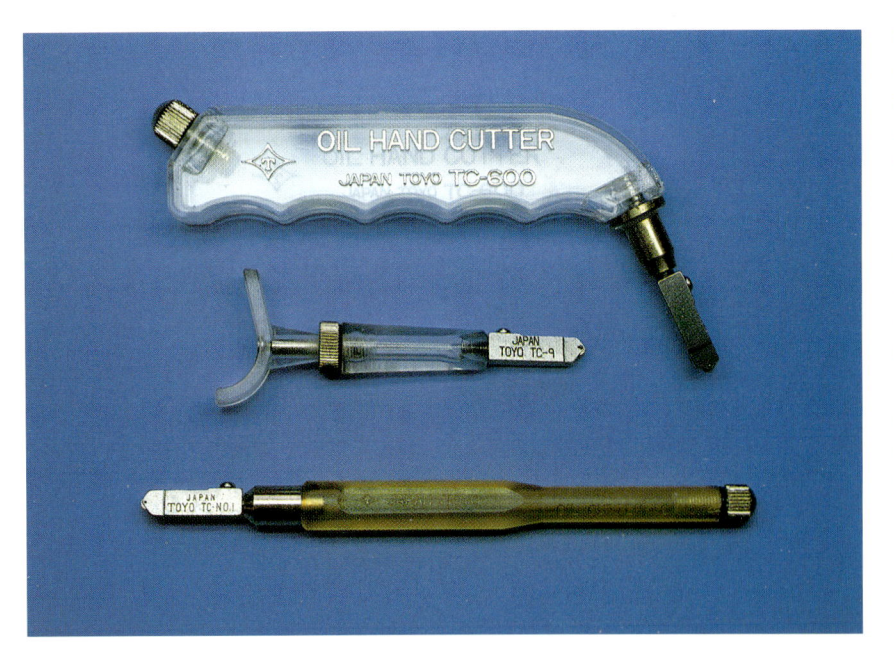

Der technische Ablauf von Tiffany-Verglasungen

Der untere Öl-Glasschneider hat sich in der Tiffany-Technik hervorragend bewährt. Er ist für alle Arbeiten universell einsetzbar und hat eine hohe Standzeit.

Das obere Modell – mit einem Faustgriff – eignet sich besonders für Personen, die Mühe haben, mit einem normalen Schneider den notwendigen Schneidedruck und gleichzeitig eine kontrollierte Führung zu erreichen. Alle drei Glasschneider können wahlweise mit oder ohne Schneidöl verwendet werden und haben einen leicht beweglichen Schneidkopf.

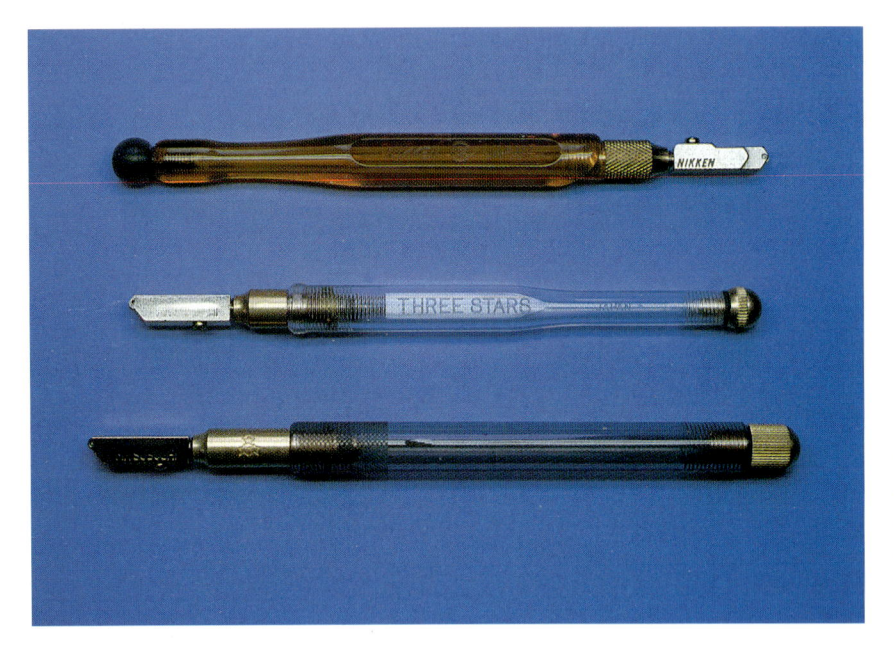

Drei japanische Qualitäts-Glasschneider die sich durch ihre Schneidrädchen aus hochwertigem Carbide auszeichnen. Die Werkzeuge können mit Schneidköpfen für unterschiedliche Glasstärken und für den Linealschnitt ausgerüstet werden.

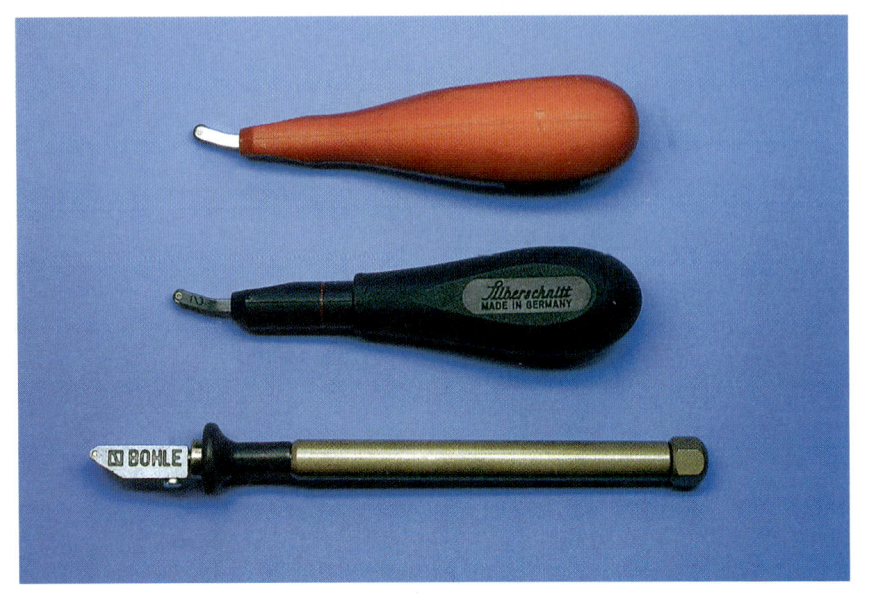

Der obere und der mittlere Glasschneider lassen sich sehr gut führen, da die extrem schmalen Schneidköpfe eine hervorragende Sicht auf die Markierungslinie ermöglichen. Der Schaft des mittleren Modells ist in der Länge verstellbar und kann auf diese Weise unterschiedlichen Handgrößen angepaßt werden. Das untere Modell überzeugt durch einen äußerst abrutschsicheren Griff und einen robusten Metallschaft.

Schneiden des Glases

und 140°. Je dicker das zu schneidende Glas ist, desto flacher sollte der Anschleifwinkel sein. Universal-Glasschneider in der Tiffany-Technik haben meist 120° oder 134°.

Außer der Qualität des Schneidrädchens ist auch der Griff eines Glasschneiders von Bedeutung. Er sollte so beschaffen sein, daß das Werkzeug bequem und unverkrampft geführt werden kann. Scheinbar exotische Griff-Formen sind daher nicht unnötige Spielereien der Werkzeug-Designer, sondern ermöglichen dem Anwender, aus einem breiten Angebot das für ihn geeignete Werkzeug herauszufinden.

Anritzen des Glases

Ähnlich faszinierend wie die Herstellung von Glas ist auch dessen Verhalten beim Schneiden. Die physikalischen Abläufe bei diesem Vorgang sind bis heute noch immer nicht vollständig geklärt und werden bei Anleitungen zum Glasschneiden völlig vernachlässigt — ganz zu Unrecht, denn Glasschneiden in der Tiffany-Technik ist sehr viel einfacher, wenn man weiß, worauf es ankommt. Schließlich kennt auch jeder Hobbyfotograf die Vorgänge beim Entwickeln seiner Filme.
Die Abbildung (unten rechts) verdeutlicht den Vorgang des Glasschneidens mit einem Hartmetall-Glasschneider. Das Schneidrädchen erzeugt beim Anritzen des Glases eine keilförmige Kerbe. Im Idealfall ist diese Kerbe — auch Fissur genannt — etwa 0,02 mm tief und hat völlig glatte Seiten. Voraussetzung für diese ideale Fissur ist neben einem funktionstüchtigen Glasschneider ein genau dosierter und senkrechter Schneidedruck, der in seiner Stärke von Glas zu Glas variieren kann. Wie bereits im Kapitel „Glasherstellung" erwähnt, haben Gläser — je nach ihren Inhaltsstoffen und Herstellungsverfahren — unterschiedliche Festigkeiten. Um eine möglichst ideale Fissur zu erhalten, muß also der Druck mit dem Glasschneider der jeweiligen Festigkeit angepaßt werden. Bei beidseitig stark gerippten Gläsern muß darüber hinaus der Schneidedruck auch bei der „Berg- und Talfahrt" möglichst konstant beibehalten werden. Dazu empfiehlt sich eine extrem langsame Schnittgeschwindigkeit.

Durch Probeschnitte läßt sich der notwendige Schneidedruck leicht ermitteln (einfaches Klarglas benötigt zum Beispiel nur einen Druck von etwa 1,5 kg, je nach verwendetem Glasschneider). Wenn der Druck zu hoch ist (der häufigste Fehler beim Glasschneiden), entstehen neben der Hauptfissur weitere, mikroskopisch kleine Nebenfissuren. Diese Nebenfissuren können zu Ausreißern (sogenannten Ausschellerungen) an den Seiten der Hauptfissur führen. Im schlimmsten Falle sind sie der Grund dafür, daß ein Bruch plötzlich seine Richtung ändert und aus der Hauptfissur ausbricht. Falscher Druck ist letztlich auch die Ursache für das Mißlingen eines Schnittes bei einer falschen Haltung des Glasschneiders. Durch eine seitlich verkantete Haltung ist der Druck auf einer Seite der Kerbe zu stark, und es kommt zu ausgeprägten Nebenfissuren und der Gefahr eines unkontrollierten Bruches.

Von entscheidender Bedeutung für den Erfolg eines Schnittes ist die Form der Kerbe bzw. ihrer Spitze. Die optimale Kerbspitze liegt unmittelbar nach dem Anritzen vor. Wird das Glas dann nicht gebrochen, sondern spannungsfrei gelagert, kann sich die Form unter dem Einfluß von Luftfeuchtigkeit verändern. Der Radius der Spitze wird größer, und der Schnitt läßt sich nicht mehr gut brechen; der Schnitt ist „kalt". Dieses Phänomen wird auch als „Selbstheilungstendenz" des Glases bezeichnet.

Wird beim Anritzen ein Schneidöl verwendet, so kann dieser Prozess hinausgezögert werden. Schneidöl ist ein sehr dünnflüssiges und harzfreies Öl, das die Kerbspitze und die Schnittkanten abdichtet und das Eindringen von Feuchtigkeit weitgehend verhindert. Außerdem vermindert Schneidöl die Reibung des Schneidrädchens auf der Glasoberfläche und ermöglicht dadurch saubere Kerbflächen ohne übermäßige Ausschellerungen. Die (auch von Glasschneider-Herstellern) oft zitierte Pflege und Schmierung des Rädchens und seiner Achse durch Schneidöl ist im Grunde genommen ein Nebeneffekt und spielt nur eine untergeordnete Rolle.

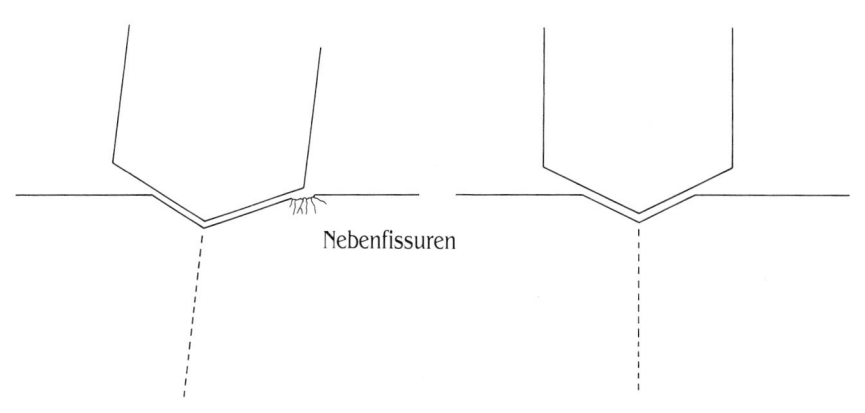

Falsche Haltung: Bei einer verkanteten Haltung des Glasschneiders wird auf die eine Flanke der Fissur zuviel Druck ausgeübt. Dadurch kommt es zu ausgeprägten Nebenfissuren und Ausschellerungen, die zu einem unkontrollierten Bruch führen können.

Richtige Haltung: Voraussetzung für ein optimales Bruchverhalten ist ein senkrechter Druck mit dem Glasschneider.

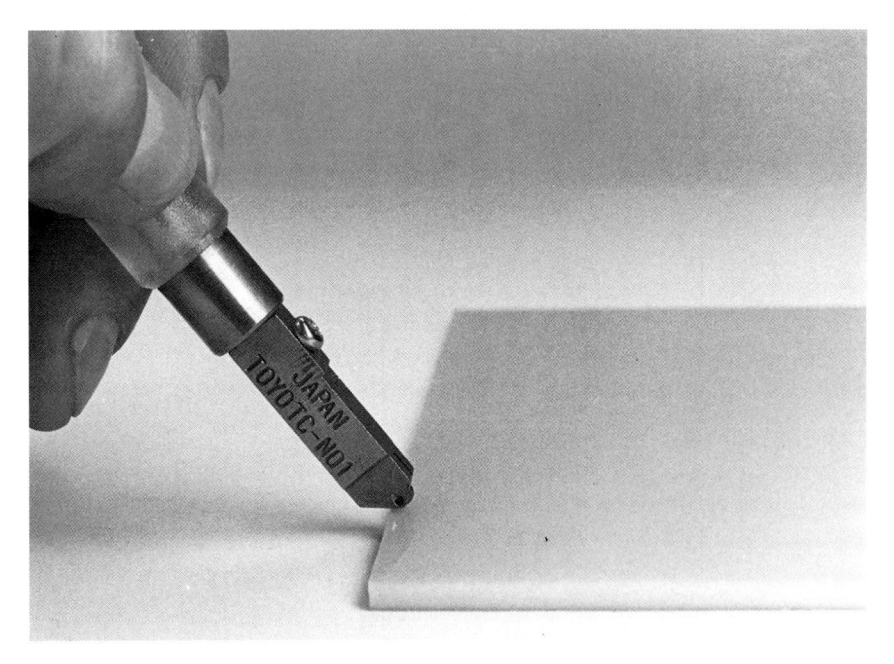

Der technische Ablauf von Tiffany-Verglasungen

Beim freien Konturenschnitt wird der Glasschneider einen Millimeter hinter der Glaskante aufgesetzt und ohne Unterbrechung mit einem gleichmäßigen Druck bis zum anderen Ende des Glasteils geschoben. So hat man stets die markierte Linie vor Augen und kann präzise der Kontur folgen. Etwa einen Millimeter vor dem Ende des Schnittes sollte der Glasschneider abgehoben werden, damit er nicht mit Druck über die Glaskante auf die Unterlage abrollt. Das Schneidrädchen könnte sonst beschädigt werden und zu Aussetzern beim Anritzen führen. Mit einem etwas geübten Auge können solche Aussetzer leicht erkannt werden: angeritzte und nicht angeritzte Stellen der Fissur wechseln sich in gleichmäßigem Abstand ab.

Der erste Schnitt muß auf Anhieb richtig ausgeführt werden. Man darf auf keinen Fall ein zweites Mal durch die gleiche Fissur fahren. Der darin liegende feine Glasstaub würde das Schneidrädchen beschädigen oder sogar unbrauchbar machen.

Beim Linealschnitt wird der Glasschneider zum Körper hin gezogen. Zusätzlich zu konstantem Schneiddruck und senkrechter Haltung muß hier auch noch auf einen leichten und parallelen Andruck des Schneiders ans Lineal geachtet werden. Glasschneider mit extra breiten Schneidköpfen sind dabei sehr hilfreich.

Brechen des Glases

Die Trenneisen-Methode und der Diamant-, bzw. Hartmetall-Glasschneider machen sich eine spezifische Eigenschaft des Glases zunutze: seine überaus hohe Empfindlichkeit gegenüber Spannungen und der daraus resultierenden Bruchfreudigkeit. Beim Trenneisen, wie auch bei den modernen industriellen thermischen Glastrennverfahren, werden durch einen großen Temperaturunterschied Spannungen im Glas erzeugt, die spontan zum Bruch führen.

Nach dem manuellen Anritzen der Glasoberfläche mit einem Diamanten oder dem Hartmetall-Glasschneider wirkt auf die untere Spitze der entstandenen Kerbe (Fissur) eine starke Zugspannung (Kerbspannungslehre). Aufgrund von Materialermüdung und weiterer Einwirkung der Zugspannung kann sich der Riß vergrößern und nach einer gewissen Zeit zum Bruch führen.

Beim kontrollierten Glasschneiden wird unmittelbar nach dem Anritzen eine Biegespannung oder eine Zugspannung auf die Kerbspitze angelegt. Dadurch „öffnet" sich der Schnitt, d.h. der Bruch läuft an der vorgegebenen Fissur entlang und teilt das Glas.
Um den Schnitt möglichst sanft zu öffnen, muß die aufgewendete Biege- bzw. Zugkraft gut dosiert werden; sie sollte nur geringfügig über der Biege- bzw. Zugfestigkeit des durch das Anritzen geschwächten Glases liegen. Dieser Vorgang läßt sich bei Klarglas sehr gut beobachten. Von der Seite betrachtet erkennt man nach dem Anbrechen den bereits geöffneten Teil des Schnittes an den silbrig glänzenden, neu entstandenen Glaskanten. Durch einen

Schneiden des Glases

Biegespannung Biegespannung

Kerbspitze

Zugspannung Zugspannung

Biegespannung

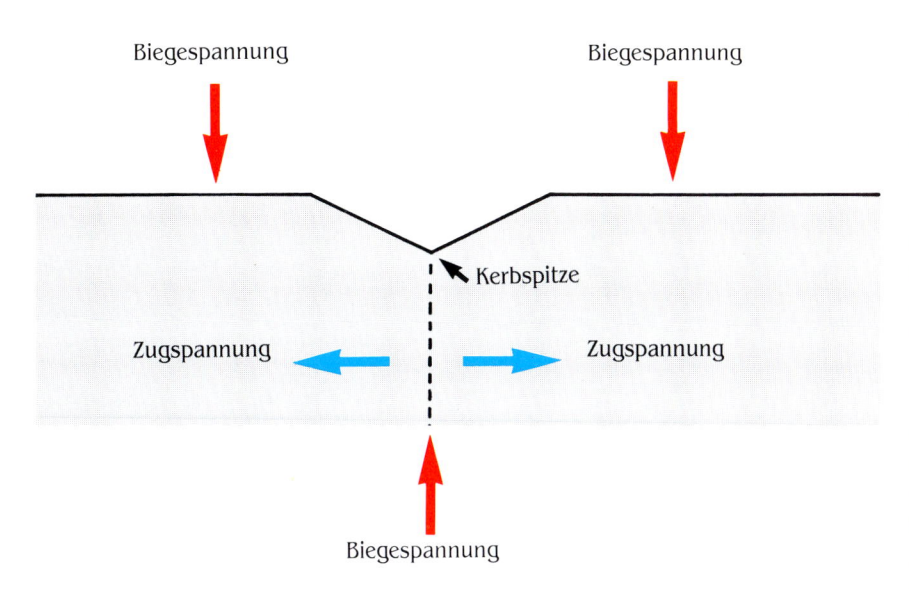

Das Anlegen einer Biegespannung oder einer Zugspannung führt zum eigentlichen Bruch des Glases. Die mit blauen Pfeilen markierte Zugspannung kann nur von Hand angelegt werden und ist lediglich beim Teilen von sehr großen Glasstücken ohne komplizierte Kurven angebracht. In der Tiffany-Technik hat sie keine große Bedeutung.

Eine Biegespannung (mit roten Pfeilen markiert) kann per Hand oder mit Handwerkzeugen angelegt werden. Sie läßt sich wesentlich sanfter anwenden und ist wirkungsvoller bei den in der Tiffany-Technik hauptsächlich vorkommenden Kurvenschnitten. Grundbedingung für ein erfolgreiches Trennen mit der Biegespannung sind die Punkte, an denen sie angreift. Der untere Druck- oder Auflagepunkt muß sich genau unter der Fissur befinden, und die beiden oberen Druckpunkte müssen — mit einer gedachten Linie verbunden — rechtwinklig links und recht der Fissur liegen.

weiteren dosierten Kraftaufwand kann der Schnitt langsam an der Fissur entlang vorangetrieben werden.

Biegespannung und Zugspannung können bei größeren Glasteilen mit den Händen durch Biegen oder Ziehen der Glasteile angelegt werden. Der Vorgang erfordert allerdings einiges Fingerspitzengefühl, und je kleiner die Teile sind, desto schwieriger wird ein dosierter Kraftaufwand. In der Tiffany-Technik, bei der hauptsächlich kleine Glasteile verarbeitet werden, behilft man sich daher mit sogenannten Laufzangen, die eine Biegekraft ausüben und damit den Bruch „laufen" lassen. Mit diesen Zangen kann der Kraftaufwand sehr genau und gefühlvoll dosiert werden. Am Beginn einer Fissur angesetzt, kann man den Bruch sogar Millimeter für Millimeter vorantreiben. Laufzangen gibt es in zwei Versionen: mit starren Druckbalken, die nur am Beginn einer Fissur am Glasrand angesetzt werden können, und mit beweglichen oder runden Druckbalken, die auch von den Seiten einzusetzen sind.

Eine Biegespannung kann angelegt werden, indem man mit den Händen unmittelbar rechts und links neben der Fissur am Glasrand ansetzt. Die gekrümmten Zeigefinger auf der Glasunterseite werden nach oben und die beiden Daumen seitlich nach unten gedrückt (Dreipunkt-Prinzip). Um ein plötzliches Durchbrechen zu vermeiden, sollte die Biegekraft kontrolliert, d.h. nur langsam gesteigert, und im Moment des Bruches zurückgenommen werden. Mit einiger Übung läßt sich auch auf diese Weise ein sanfter Bruch durchführen. Je kleiner aber die zu brechenden Glasteile sind, desto schwieriger ist die Dosierung der Biegekraft von Hand.

Bei Klarglas läßt sich der Bruchvorgang gut beobachten. Der bereits geöffnete Teil des Schnittes ist an den silbrig glänzenden, neu entstandenen Glaskanten zu erkennen. Je mehr Biegekraft zugegeben wird, desto weiter öffnet sich der Schnitt.

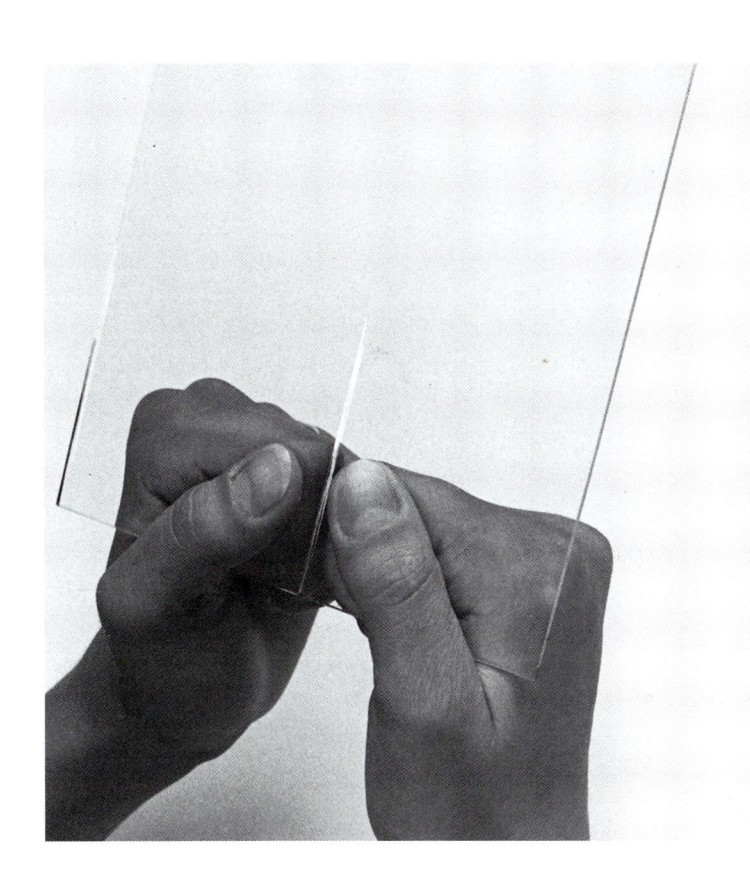

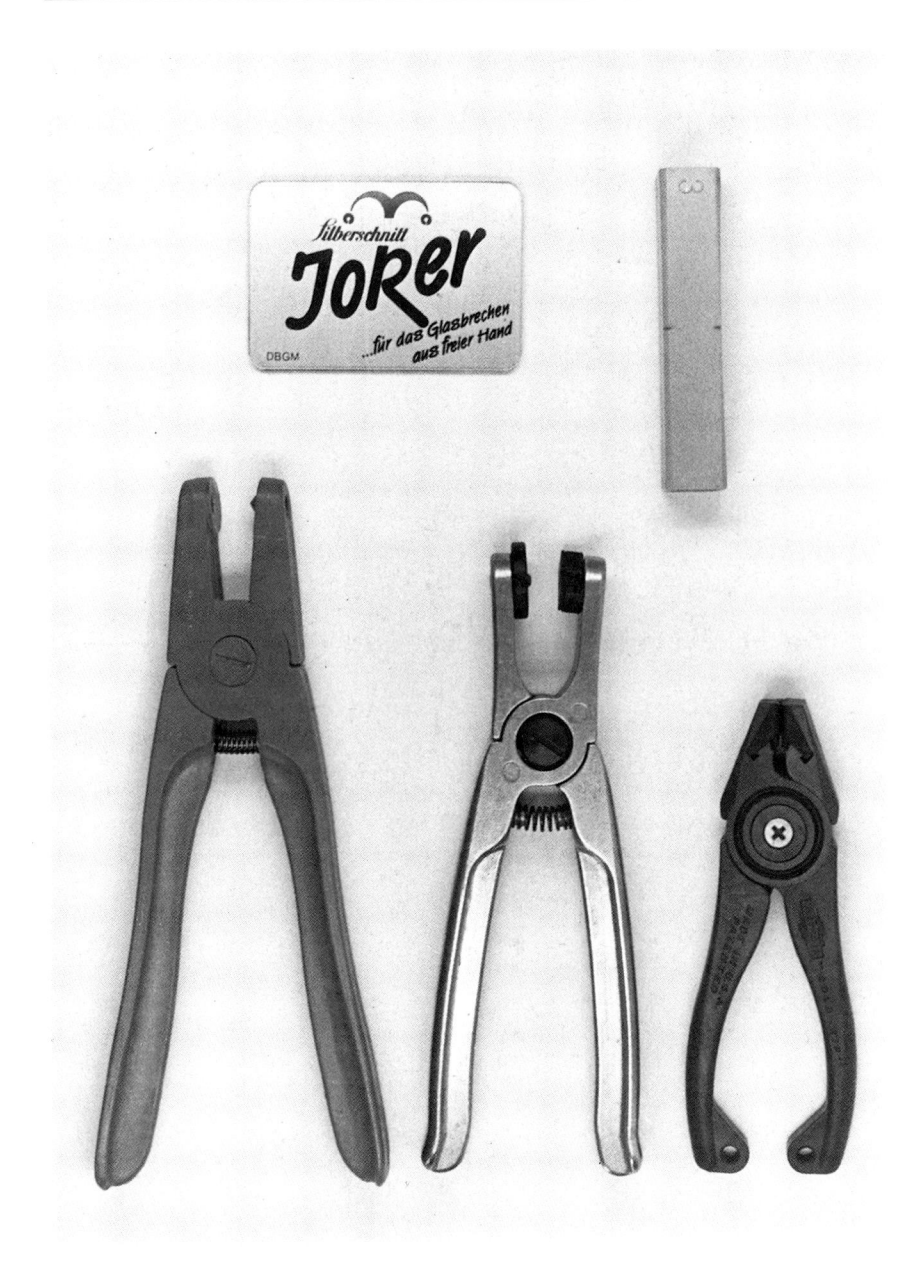

Der technische Ablauf von Tiffany-Verglasungen

Außer den Zangen können noch andere Hilfsmittel zum Glasbrechen verwendet werden. Allen Geräten gemeinsam ist das Prinzip der Kraftübertragung durch drei Auflagepunkte: Ein Punkt liegt stets genau unter der Fissur, und zwei Punkte liegen rechts und links neben der Fissur (Dreipunkt-Prinzip, siehe S. 29).

Um einen Schnitt leichter und sicherer öffnen zu können, sind verschiedene Hilfswerkzeuge entwickelt worden. Der Glasverschnitt läßt sich damit erheblich reduzieren:

Das Dreipunkt-Prinzip ist ebenfalls die Grundlage des Glasbrechens mit dem Glasbrechstab (rechts oben). Die vier Seiten dieses Werkzeuges sind mit unterschiedlich starken Wölbungen versehen, so daß die aufwendbare Biegekraft begrenzt werden kann. Dadurch läuft der Bruch nur eine bestimmte Strecke an der Fissur entlang. Zum Brechen von schmalen Teilen ist der Glasbrechstab jedoch nicht geeignet, da er immer in seiner vollen Länge rechtwinklig zur Fissur auf dem Glas aufliegen muß. Bei langen Schnitten mit breiten Rändern leistet er allerdings gute Dienste.

Auch dem Brechen mit einer Plastik-Unterlage (links oben) sind gewisse Grenzen gesetzt. Ähnlich wie beim Glasbrechstab muß auch dieses Hilfsmittel möglichst in seiner vollen Länge rechtwinklig auf dem Glas aufliegen. Dann hat es jedoch den Vorteil, daß zuviel aufgewendete Biegekraft durch sein elastisches Material aufgefangen wird.

Mit den sogenannten Laufzangen läßt sich die Biegekraft sehr gut dosieren. Die Versionen mit feststehenden Backen (rechts unten) sind in ihrer Anwendung allerdings etwas eingeschränkt. Sie können nur am Glasrand, also am Beginn einer Fissur, angesetzt werden. Kurvenschnitte lassen sich deshalb lediglich in begrenztem Umfang durchführen.

Vielseitig in der Anwendung sind Laufzangen, bei denen der Druckbalken durch eine Drehung auch von der Seite eines Glasstückes rechtwinklig zur Fissur angesetzt werden kann (Mitte unten) oder bei denen die Druckpunkte kreisförmig sind und stets rechtwinklig zur Fissur stehen (links unten).

Schneiden des Glases

Beispiele

Laufzangen werden dicht am Glasrand angesetzt, und die Markierung in der Mitte des oberen Druckbalkens muß genau über der Fissur liegen. Druckbalken und Fissur müssen dabei einen rechten Winkel bilden.

Der aufgewendete Druck wird nur langsam gesteigert. Sobald das Glas anbricht, sollte er wieder zurückgenommen werden. Damit soll vermieden werden, daß das Glas plötzlich unkontrolliert durchbricht. Nach dem Anbrechen kann der Bruch mit einer gefühlvollen Steigerung des Kraftaufwandes Millimeter für Millimeter vorangetrieben werden.

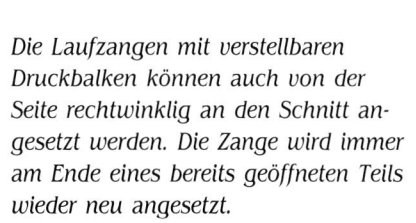

Die Laufzangen mit verstellbaren Druckbalken können auch von der Seite rechtwinklig an den Schnitt angesetzt werden. Die Zange wird immer am Ende eines bereits geöffneten Teils wieder neu angesetzt.

Längere Schnitte und Kurvenschnitte sollten sicherheitshalber von beiden Seiten angebrochen werden. In der Abbildung laufen die einfachen, geraden Teilstrecken des Schnittes auf die etwas schwierigere Rundung zu. Dadurch ist die Gefahr eines Ausbrechens beim Öffnen der Rundung nicht so groß.

Mit geeignetem Werkzeug können Innenbögen, die nicht zu sehr am Rand eines Glasstückes liegen, auch ohne Hilfsschnitte geschnitten werden. Wichtig ist dabei eine korrekte Haltung des Glasschneiders. Man darf ihn nicht nach außen und nicht nach innen neigen — eine Gefahr, die bei Kurvenschnitten groß ist. Der nötige Bewegungsablauf sollte vorher sicherheitshalber geübt werden.

Der Schnitt wird von beiden Seiten vorsichtig angebrochen und durch weiteres Nachfassen langsam in die Mitte getrieben. Sollte sich das Teil nach dem Öffnen des Schnittes nicht herausnehmen lassen, kann man es mit leicht nach oben und unten hebelnden Bewegungen vorsichtig lösen.

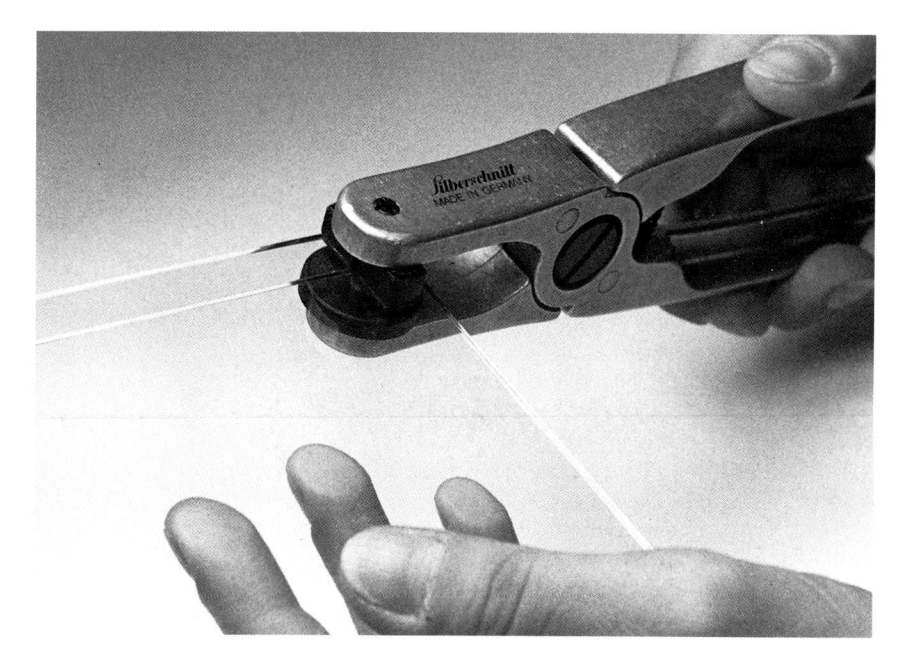

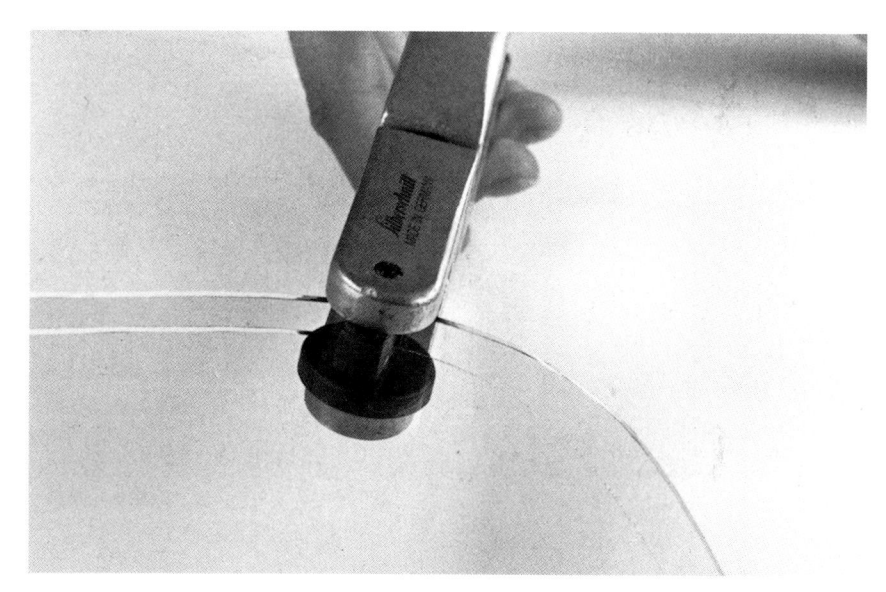

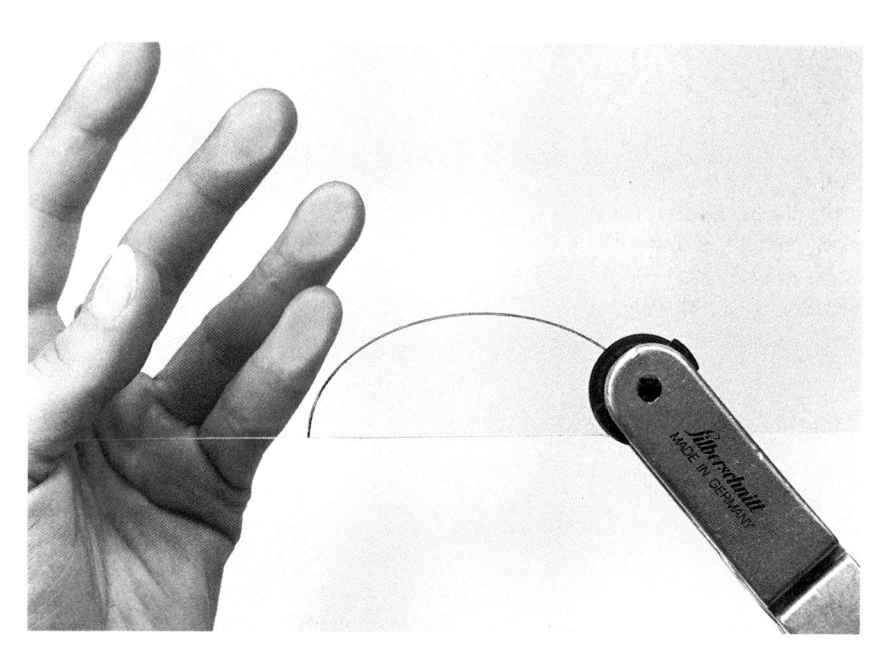

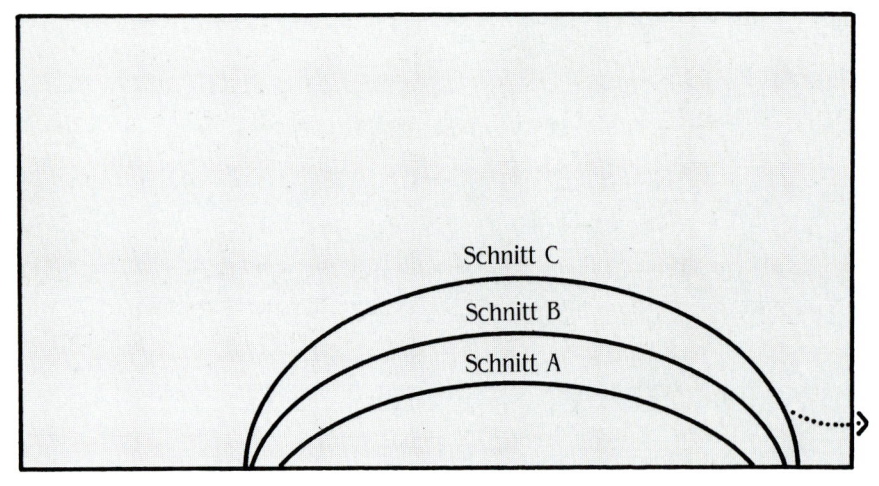

Der technische Ablauf von Tiffany-Verglasungen

Bei extremeren Innenbögen oder Bögen am Glasrand sollten mehrere schmale Hilfsschnitte angelegt werden. Ein sofortiges Schneiden und Brechen des abgebildeten Schnittes würde wahrscheinlich zu einem Fehlbruch führen, denn Glas neigt dazu, zur schwächeren Seite hin auszubrechen. Deshalb werden die Hilfsschnitte so schmal angelegt, daß sie immer die schwächere Stelle sind. Man arbeitet sich von außen nach innen und trennt das jeweils angeritzte Teil sofort heraus. Die Kröselzange leistet hier gute Dienste.

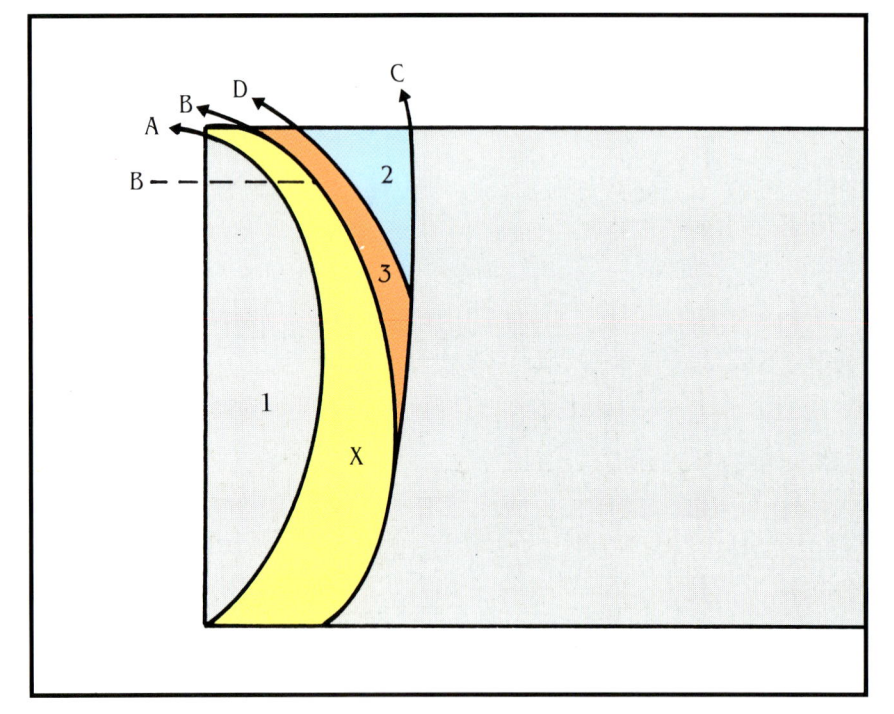

Zu den schwierigen Zuschnitten zählen spitze und sichelförmige Teile, wie in der Abbildung mit X gekennzeichnet. Mit den nötigen Kenntnissen sind jedoch auch solche Stücke ohne Probleme herzustellen. Zuerst wird Teil 1 ausgeschnitten (Schnitt A). Entweder mit einem Schnitt oder – bei Bedarf – mit Hilfsschnitten. Der zweite Schnitt erfolgt nicht in Richtung B, weil er höchstwahrscheinlich seitlich ausbricht, sondern in Richtung C. Danach wird Teil 2 abgetrennt und erst zum Schluß die eigentlich gewünschte Kontur B angeritzt.

Kröseln

Der Begriff „kröseln" stammt aus den Anfängen der Glasbearbeitung. Theophilus erwähnt das Kröseleisen in seinem Traktat:
 „Sind alle Stücke so eingetheilt, so nimm das Kröseleisen, welches eine Spanne lang, beiderseits gekrümmt sei, mit diesem gleiche alle Stücke ab und passe sie zusammen, jegliches an seinem Platze." *(Kap. XVIII, 2. Buch)*
 Weil die damaligen Werkzeuge zum Glaszerteilen kein genaues Arbeiten erlaubten, mußten die Formstücke nachgearbeitet werden. Mit Hilfe des Kröseleisens

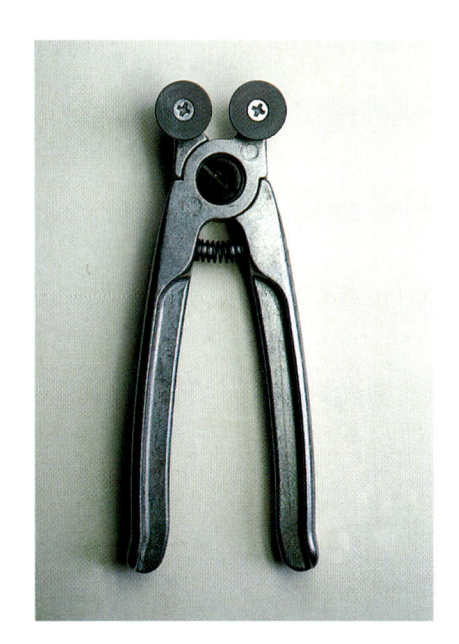

Eine besondere Art von Kröselzange ist dieses Modell. Damit können Glasteile ähnlich einer Schere in Form geschnitten werden. Die beiden Schneidräder sind verstellbar und haben deshalb eine sehr lange Lebensdauer. Beim Lampenbau mit kleinen Glasteilen (z. B. Wisteria, Laburnum) leistet die Zange sehr gute Dienste.

TIP: Vor dem Verstellen der Räder die alte Stellung mit einem Filzstift markieren.

Kröseln

wurden sie in die gewünschte Form gebracht, d.h. man brach kleine Stücke von den Rändern, die anschließend wie abgenagt aussahen.

Die gleiche Technik wird auch heute noch angewendet, wenn es darum geht, kleine Formveränderungen von etwa 1-3 mm vorzunehmen, die mit dem Glasschneider nicht zu bewerkstelligen sind. Das Kröseleisen ist freilich durch Zangen abgelöst worden.

Durch die besondere Form der Kröselzangen ist ein genaues Arbeiten möglich. Die Zangenbacken sind nicht plan wie bei einer Kombizange, sondern leicht gewölbt. Dadurch berühren sich nur die Backenspitzen und können genau an der vorgesehenen Bruchstelle aufgesetzt werden. Die Querriffelung auf den Backeninnenseiten bietet ausreichenden Halt an der Glaskante, um eine Abbrech-Bewegung nach unten ausführen zu können. Das vorgesehene Glasstück wird also nicht abgequetscht, sondern abgebrochen. Über die Zangengriffe darf nur soviel Kraft ausgeübt werden, daß das abzubrechende Glasstück beim Brechvorgang sicher gehalten werden kann. Daher sind Kröselzangen mit einer Stellschraube praktisch, die man auf jede Glasstärke so einstellen kann, daß ein Abquetschen ausgeschlossen ist.

Im Gegensatz zu hartmetallbeschichteten Kröselzangen nutzen sich Zangen in der normalen Metall-Ausführung nach und nach ab, d.h. die vorderen Backenenden werden rund und können das Glas nicht mehr präzise fassen.

Die Backen einer Kröselzange sind gewölbt, so daß sich nur die Backenspitzen berühren. Deshalb können sie in die Fläche eines Glases hineingreifen und genau an der vorgesehenen Bruchstelle angesetzt werden.

Ein- bis zweimal kann durch ein Nachschleifen die ursprüngliche Wirkung annähernd wiederhergestellt werden, dann sind die Backen jedoch so kurz, daß ein weiteres Schleifen keinen Erfolg hat.

Neben dem Kröseln eignen sich die Zangen auch hervorragend zum Abbrechen von angeritzten kleinen Glasteilen, die mit einer Laufzange nicht mehr zu fassen sind.

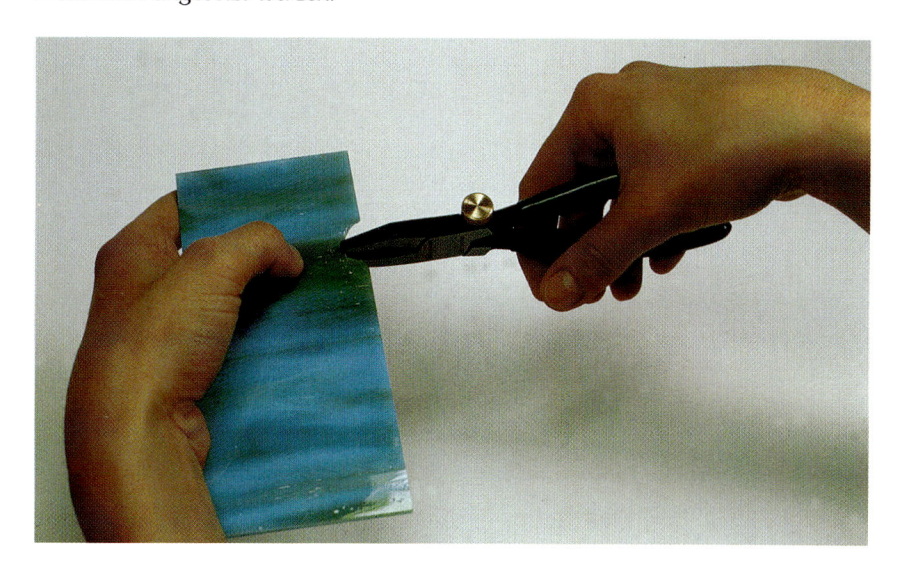

Für enge Innenradien eignet sich besonders eine Kröselzange mit schmalen Backen (5 mm).

Mit der Stellschraube kann die Zange auf die jeweilige Glasstärke eingestellt werden.

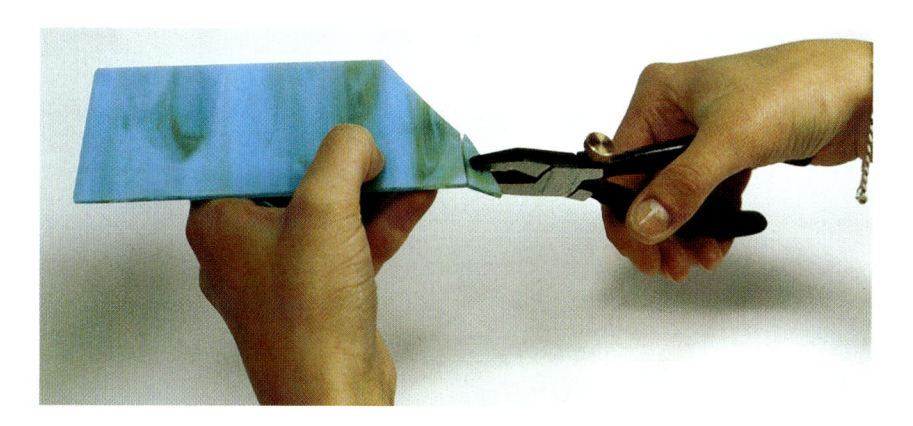

Die stärker gewölbte Backenseite liegt stets unter dem Glas. Durch eine Querriffelung auf den Backeninnenseiten ist ein ausreichender Halt beim Abbrechen von kleinen angeritzten Teilen gegeben.

Der technische Ablauf von Tiffany-Verglasungen

Schleifen

Durch das Schleifen mit einer Glasschleifmaschine erhalten die ausgeschnittenen Glasteile ihre endgültige Form. Kleine Ecken und Spitzen, die nach dem Schneiden stehengeblieben sind, oder unschöne Kröselkanten müssen beseitigt werden, damit sie die Lötnähte nicht unnötig verbreitern. Alle Einzelteile sollten nach dem Schleifen einen gleichmäßigen Rand haben und der jeweiligen Vorlage genau entsprechen.

Doch nicht nur wegen der exakten Formgebung wird mit einer Schleifmaschine gearbeitet. Nach dem Brechen sind die Schnittkanten der Glasstücke messerscharf und sehr glatt und lassen sich nicht gut in Kupferfolie einfassen. Deshalb werden sie durch das Anschleifen leicht aufgerauht und bieten dadurch dem Folienkleber wesentlich mehr Kontaktfläche. Die bessere Folienhaftung bedeutet natürlich auch mehr Stabilität für das jeweilige Glasobjekt.

Schleifmaschine „Kristall 1S"
303 mm x 258 mm x 136 mm,
Arbeitsfläche 280 mm x 235 mm,
220 – 230 V, 50 Hz, 230 W,
2090 U/min, Präzisionskugellager,
Thermoschalter, Spritzschutz, 19 mm
Schleifkopf

Durch den Einsatz einer Schleifmaschine wird das Spektrum der gestalterischen Möglichkeiten mit Glas ganz erheblich erweitert. Dank einer großen Auswahl an neuentwickelten Schleifköpfen können heute Formen realisiert werden, die noch vor einiger Zeit undenkbar gewesen wären.

Im Hinblick auf die verwendete Arbeitszeit wird oft die Frage gestellt, ob Schleifen unbedingt nötig sei; immerhin beansprucht dieser Arbeitsgang etwa ein Fünftel der Gesamtarbeitszeit an einem Objekt. Dazu läßt sich folgendes sagen: Aufgrund der erwähnten Verbesserung der Folienhaftung ist das Schleifen unbedingt zu empfehlen. Falls jedoch einerseits nicht viel Wert auf Paßgenauigkeit gelegt wird und ein rustikaler Gesamteindruck des Objektes erzielt werden soll, sowie andererseits eine verminderte Stabilität in Kauf genommen wird, kann auch auf das Schleifen verzichtet werden. Gerade bei überwiegend floralen Motiven und bei anspruchsvollen Tiffany-Replikaten ist die Farbwirkung so dominierend, daß die Lötnähte erst auf den zweiten Blick in Erscheinung treten und Unregelmäßigkeiten nicht störend wirken. Wenn ohne Schleifmaschine gearbeitet wird, sollte allerdings eine gewisse Fertigkeit beim Glasschneiden vorhanden sein, damit die Lötnähte nicht so dominant werden, daß sie die Harmonie zwischen Struktur und Farbwirkung stören.

Glasschleifmaschinen für den normalen Gebrauch in der Tiffany-Technik bestehen aus einem Kunststoff-Gehäuse und einem Elektromotor mit senkrecht angeordneter Antriebswelle. Die folgenden Abbildungen zeigen bewährte Glasschleifmaschinen für die Tiffany-Technik. Der Schleifkörper ist auf der Antriebswelle montiert und ragt aus der Arbeitsfläche heraus. Unter der gerasterten Arbeitsfläche befindet sich ein Wasserbehälter, aus dem, über einen kleinen Schwamm, der hinter dem Schleifkörper sitzt, während des Schleifens ständig Wasser an die Schleiffläche transportiert wird. Zum einen wird damit gekühlt und zum anderen wird der für Augen und Lunge gefährliche Schleifstaub gebunden. Deshalb muß stets darauf geachtet werden, daß eine ausreichende Wassermenge vorhanden ist. Wenn der Schwamm zu stark mit Schleifstaub zugesetzt ist oder seinen Kontakt zum Schleifkörper verliert, kann er seinen Zweck nicht mehr erfüllen.

Schleifmaschine „Kristall 2000S"
303 mm x 258 mm x 136 mm, Arbeitsfläche 280 x 235 mm, 220 – 230 V, 50 Hz, 230 W, 2255 U/min, Motor zweifach kugelgelagert, eingebaute Schleifwasserpumpe

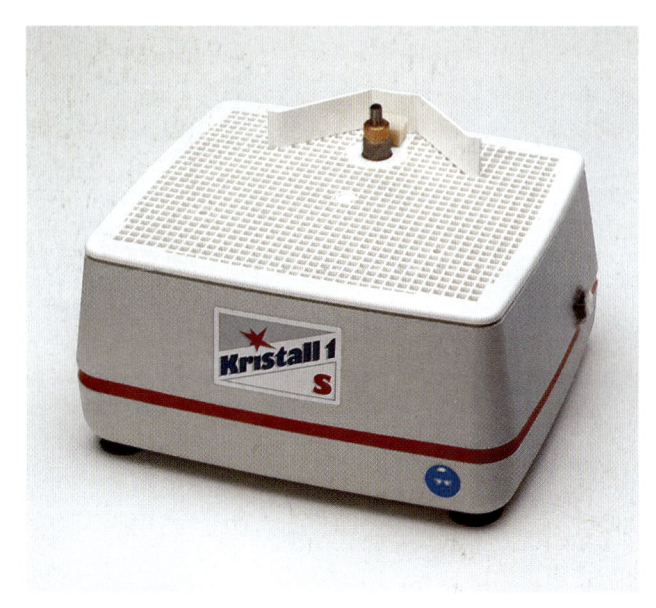

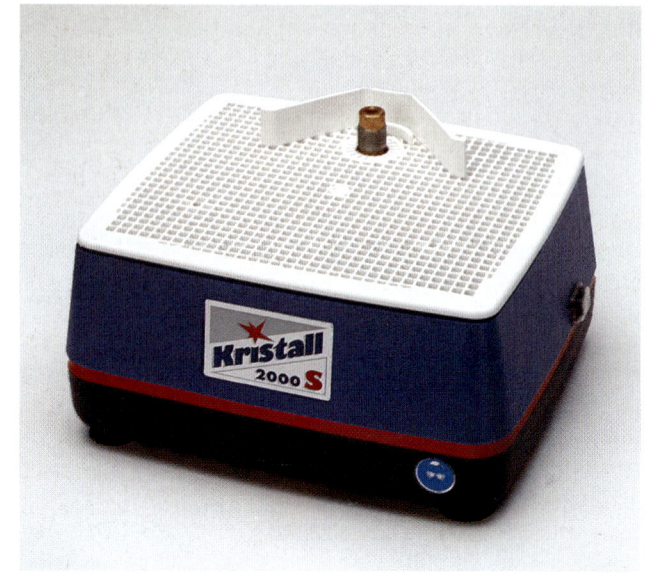

Schleifen

Mit Hilfe einer Zusatzeinrichtung können die Schleifdorne bei den Maschinen „Kristall 2000" und „Kristall 2000S" auch ohne Schwämmchen mit Wasser versorgt werden.

Das Werkstück liegt während der Arbeit flach auf der Arbeitsplatte und wird entgegengesetzt zur Drehrichtung unter leichtem Druck am Schleifkopf vorbeigeführt. Je nach Hersteller sind die Maschinen rechts- oder linksdrehend. Mit einer optimalen Umdrehungszahl zwischen 2500 und 3600 U/min reißen die Diamantkörner kleine Teilchen aus den Glaskanten heraus. Grobe Diamantkristalle tragen in kurzer Zeit sehr viel Glas ab (sogenannter aggressiver Schnellschliff) und erzeugen eine rauhe Glaskante. Dabei besteht jedoch die Gefahr, daß auch Glasteilchen aus den Randbereichen der Ober- und Unterseite herausgerissen werden. Für einen feinen, schonenden Schliff (z.B. für Spiegel) benutzt man Schleifköpfe mit wesentlich kleineren Diamantkörnern.

Im Laufe der Zeit läßt die Wirkung des Schleifkörpers nach. Diese Abnutzungserscheinung sollte auf keinen Fall durch größeren Andruck ausgeglichen werden,

Die verstärkten Motoren der „Kristall 1S" und der „Kristall 2000S" erlauben den Betrieb von Zusatzgeräten. Die Abbildung zeigt einen Aufsatz zum Glassägen mit einem Diamantsägeblatt.

denn auf Dauer wird dadurch das Lager der Antriebswelle beschädigt und die Maschine läuft nicht mehr rund. Bei nachlassender Schleifwirkung kann der Schleifkopf auf der Antriebswelle nach oben oder unten versetzt werden. Er hat eine nutzbare Fläche von 16 mm und kann daher — bei der Verarbeitung von 3 mm Glas — in fünf Schleifbereiche eingeteilt werden. Wenn der Schleifkörper vollständig abgenutzt ist, sollte er rechtzeitig ausgetauscht werden; ein neuer Schleifkopf ist billiger als eine neue Maschine.

Während des Schleifens muß auf jeden Fall ein Augenschutz verwendet werden — entweder ein auf die Maschine montierter, durchsichtiger Schutzschild oder eine Schutzbrille.

Durch einen einfachen Wechsel des Distanzringes in der Arbeitsplatte können wahlweise 16, 19 oder 25 mm Schleifköpfe verwendet werden.

Schleifköpfe

Die Flächen der Glasschleifkörper sind mit Industrie-Diamanten bestückt, die bei Schleifarbeiten wegen ihrer rauhen Oberfläche und ihrer großen Sprödigkeit dem natürlichen Diamanten überlegen sind. Die winzig kleinen Kristalle haben eine kubische Form und gewährleisten dadurch die kleinstmögliche Abnutzung. Mit zwei unterschiedlichen Verfahren werden sie in die Schleifflächen eingebunden.

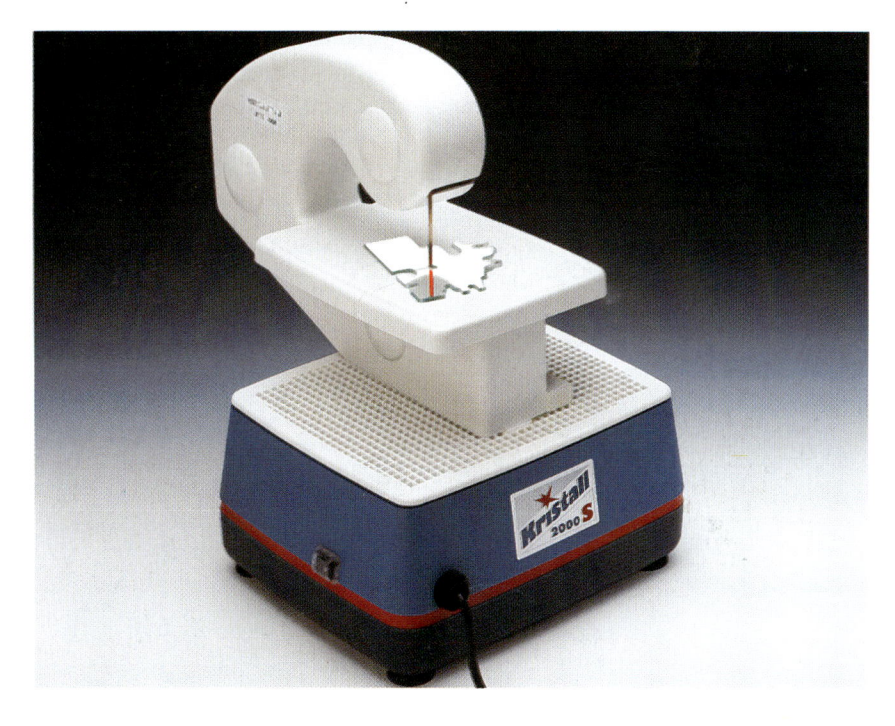

Der technische Ablauf von Tiffany-Verglasungen

Die aufwendigere Methode ist das Sinterverfahren. Dabei werden die Diamantkristalle mit einem Metallpulver vermischt und unter hohem Druck und hoher Temperatur auf das Trägermaterial (z. B. Messing) aufgebracht. In dieser Art hergestellte Schleifköpfe zeichnen sich durch ihre hohe Standzeit aus. Die Diamantkristalle sind fest eingebunden und können beim Schleifen praktisch nicht herausgerissen werden. Allerdings sind sie auch nicht gerade billig.

Beim galvanischen Verfahren werden die Diamantkristalle in eine Legierung eingebunden und auf einen Messingkörper aufgebracht. Diese Schleifköpfe sind zwar recht billig, haben aber auch nur eine geringe Standzeit.

Seit einiger Zeit gibt es jedoch auch Schleifköpfe, die nach einem verbesserten galvanischen Prinzip hergestellt werden. Die Diamantkörner sind in Nickel eingebunden und werden auf einen vorvernickelten Messingkörper aufgebracht. Nur 10 bis 15 % der Diamant-Kristalle ragen aus der Nickelschicht hervor und gewährleisten dadurch eine ähnlich lange Haltbarkeit wie bei gesinterten Schleifköpfen.

Die *nebenstehenden* Abbildungen zeigen verschiedene Schleifköpfe und ihre Anwendungsmöglichkeiten.

Zylindrische Schleifköpfe mit 25 mm, 19 mm und 16 mm Durchmesser sind für die allgemeinen Schleifarbeiten geeignet. Wie fast alle Köpfe haben sie einen Bohrungsdurchmesser von 7,94 mm und können auf allen üblichen Schleifmaschinen verwendet werden. Sie sind in vier Korngrößen erhältlich: Fein, Standard, Power und Super-Power.

Ein neuer Schleifkopf wird so an der Antriebswelle befestigt, daß die Unterkante des Schleifbelages mit der Arbeitsplatte abschließt. Wenn die ersten 3 mm abgenutzt sind, wird er entsprechend tiefer gesenkt. Dadurch ergeben sich fünf Schleifbereiche.

Das Glasstück liegt flach auf der Arbeitsplatte auf und wird mit Druck entgegengesetzt zur Drehrichtung des Schleifkopfes geführt. Das Schwämmchen transportiert Wasser zur Reinigung und Kühlung an den Kopf und darf den Kontakt zur Schleiffläche nicht verlieren.

Spezial-Schleifköpfe erweitern das Spektrum der gestalterischen Möglichkeiten und dienen darüber hinaus auch der Arbeitserleichterung.

Von links nach rechts: 2 Rippel- oder Spiegelschleifköpfe, 1 Fasenkopf und 2 Schleifdorne.

Schleifen

Rippelschleifköpfe mit einer bzw. zwei Nuten werden zum Schleifen von stark strukturiertem Glas verwendet. Neben den Glaskanten wird damit auch ein Teil der Glasoberfläche angeschliffen. Das ansonsten so problematische Folieren von Strukturgläsern wird dadurch wesentlich vereinfacht. Rippelköpfe sind auch zum schonenden Spiegelschleifen hervorragend geeignet. Die Gefahr von „Ausreißern" auf den Spiegelflächen ist deutlich herabgesetzt. Erhältlich sind sie mit 25 mm und 19 mm Durchmesser und in den Körnungen grob und fein.

Beim Schleifen mit sogenannten Rippel-Köpfen muß der Schleifkörper so eingestellt sein, daß die beiden Schrägen der Nut die Glaskante an der Oberseite und der Unterseite abschleifen. Der geschliffene Teil wird dann in Kupferfolie eingefaßt.

Sogenannte Fasenköpfe haben drei Schleifebenen: außer einem geraden Mittelstück eine 9° und eine 18° Schräge. Damit können die Kanten der Glasteile „angefast", d.h. schräg angeschliffen werden. Wenn Teile im Winkel zusammengesetzt werden sollen, vermeidet man damit überbreite Lötnähte. Besonders beim Bau von Lampen aus flachen Segmenten erhält man dadurch wesentlich schmalere Verbindungsnähte.

Schleifdorne mit 3 mm und 6 mm Durchmesser benutzt man zum Ausschleifen von extremen Innenradien. Sie werden über den abgesenkten normalen Schleifkopf gesetzt, damit der Antriebswellenschaft der Maschine vor Wassereintritt geschützt bleibt. Die Wasserzuführung mit dem Schwämmchen muß aus der Hand vorgenommen werden. Schleifdorne sind auch zum Bohren in Glas geeignet.

Der technische Ablauf von Tiffany-Verglasungen

Mit Hilfe eines Adapters (links vorne) können verschiedene Einschraub-Schleifdorne und Hohlbohrer (rechts vorne) an Schleifmaschinen eingesetzt werden. Die Dorne sind mit 3 mm, 6 mm und 10 mm Durchmesser erhältlich. Hohlbohrer gibt es mit 4 mm, 6 mm, 10 mm, 12 mm und 15 mm Durchmesser. Der Adapter hat eine Bohrung von 7,94 mm und ist für den Betrieb auf allen Schleifmaschinen geeignet. In Verbindung mit einem Aufnahmezapfen (links vorne) kann der Adapter auch an einer Bohrmaschine betrieben werden.

Für den Betrieb an einer Bohrmaschine sind die abgebildeten Hohl- oder Topfbohrer mit 25 mm und 60 mm Durchmesser gedacht. Wenn die Bohrer während des Schleifens gelegentlich abgesetzt und die bereits angeschliffene Nut reichlich mit Wasser gespült wird, reißt die Glaskante nicht aus und das ausgebohrte Kreisstück bleibt nicht im Bohrer hängen. Das Werkzeug hinten links ist ein Nutschleifer, der an Schleifmaschinen benutzt wird. Mit ihm kann man zum Beispiel Nuten in Glassteine schleifen, die dann mit Draht anstatt Kupferfolie gefaßt werden können. Dieses Werkzeug ist besonders für die Glasschmuckherstellung interessant.

Folieren

Bei der traditionellen Bleiverglasung werden die einzelnen Glasteile durch Bleiruten miteinander verbunden. Die Ruten haben zur Flächenverglasung üblicherweise die Form eines H-Profils mit flachem oder halbrundem Rücken. Der Kern hat meist eine Stärke von 1,5 mm oder 2 mm, während die Steghöhe und die Rückenbreite — je nach Glasstärke und gestalterischen oder technischen Anforderungen — sehr unterschiedlich sein können.

Die Glasteile werden zunächst bis zum Steg in das Profil eingelegt. Anschließend wird der Hohlraum zwischen Glas und Bleirute mit einem Kitt ausgefüllt und das Blei zugestrichen. Verlötet werden nur die Kreuzungsstellen der Bleiruten.

Die Tiffany-Technik verwendet keine vorgefertigten Bleiruten, sondern formt die Nähte zwischen den Glasteilen mit flüssigem Lötzinn. Da man jedoch nur Metalle löten kann, muß jedes Glasteil mit einem Metall eingefaßt werden. Louis Comfort Tiffany verwendete hierzu dünne Kupferbleche, die er in schmale Streifen schnitt und mit Knochenleim oder Bienenwachs um die Glasteile legte. Werden zwei in dieser Art eingefaßte Glasstücke miteinander verlötet, so ergibt sich — im Querschnitt gesehen — ein H-Profil, ähnlich der Bleiverglasung, nur mit dem Unterschied, daß es dichter auf dem Glas aufliegt.

Die damals mühselige Arbeit des Folierens ist wesentlich vereinfacht worden. Es gibt heute Kupferfolien auf Rollen in unterschiedlichen Breiten und in drei verschiedenen Stärken. Ihre Rückseiten sind mit einem guthaftenden Kleber beschichtet und in den Farbtönen Kupfer, Silber und Schwarz zu erhalten.

Zum Folieren müssen die Glasteile vorbereitet werden. Sie sollen trocken, fettfrei und völlig frei von Schleifstaub sein; nur dann ist eine optimale Klebewirkung gegeben. Die Kante des Glasstückes wird in der Mitte der Folie aufgesetzt und dann rundum eingewickelt. Anfang und Ende des Folienstückes sollten sich ein paar Millimeter überlappen. Anschließend falzt man die Ränder um und drückt die Folie mit einem Andrücker gut an.

Falls sich die Kupferfolie beim Einfassen wieder löst, können hierfür zwei Ursachen verantwortlich sein: mangelnde Klebewirkung der Folie durch zu häufiges Berühren der Kleberückseite mit den Fingern oder Fettspuren und Staub auf dem Glasteil. Im letzteren Falle muß das Glasstück mit Spiritus gründlich gereinigt werden.

Kupfer oxidiert sehr leicht. Dabei verfärbt sich die ansonsten hell glänzende Oberfläche dunkel und wird stumpf. Es läßt sich dann nicht mehr gut verlöten und muß mit feiner Stahlwolle gereinigt werden. Die Gefahr der Oxidation wird jedoch herabgesetzt, wenn die Folien in ihrer Verpackung aufbewahrt und bereits folierte Glasteile möglichst zügig verlötet werden.

Folien gibt es in verschiedenen Breiten:

1/8 inch	=	3,175 mm
9/64	=	3,571 mm
5/32	=	3,968 mm
11/64	=	4,365 mm
3/16	=	4,762 mm
13/64	=	5,159 mm
7/32	=	5,556 mm
1/4	=	6,350 mm
5/16	=	7,937 mm
3/8	=	9,525 mm
1/2	=	12,70 mm

Folieren

Zum Folieren von größeren Flächen ist auch eine Sondergröße von 6 inch = 152,4 mm erhältlich.

Die Breite sollte immer so gewählt werden, daß die Folie nach dem Umfalzen mindestens 1 mm auf der Glasoberfläche aufliegt und dadurch ein ausreichendes H-Profil entstehen kann. Der Folienüberstand ist maßgebend für die Stärke der späteren Lötnaht: Je breiter er ist, desto breiter wird die Lötnaht.

Neben den verschiedenen Breiten gibt es drei Folienstärken. Die dünnste Folie eignet sich hauptsächlich für das Einfassen von sehr kleinen und komplizierten Glasteilen oder extremen Innenradien. Sie ist allerdings auch empfindlich und reißt bei der Verarbeitung leicht ein. Die dicke Folie bietet eine zusätzliche Verstärkung der Lötnähte. Sie läßt sich schwerer verarbeiten, ist aber bei großen Verglasungen von Vorteil. Für die normale Anwendung, zum Beispiel für den Lampenbau oder für kleinere Fensterverglasungen, ist die mittlere Folie zu empfehlen.

Von besonderer Bedeutung sind die verschiedenfarbigen Kleberückseiten. Nicht nur bei transparenten Gläsern oder Spiegeln, sondern auch bei dichten Opalescent-Gläsern schimmert die Folienrückseite an den Glaskanten durch und beeinflußt die Farbwirkung. Weiße Opalescent-Gläser erhalten so durch die kupferne Folie einen leicht rötlichen, warmen Stich, während die schwarze Folie einen sehr kalten Ton hervorruft. Neutral verhält sich die silbern beschichtete Folie. Durch die Wahl der Kupferfolie kann daher ganz bewußt die Farbwirkung eines Objektes beeinflußt werden.

Mit einem Folienhalter und einem Anroller geht die Arbeit schnell und leicht von der Hand. Aus dem Halter läuft die Folie in den Anroller, an dessen flachem Ende die Papierschutzschicht abgehoben wird. Von zwei Seitenbegrenzungen geführt, zieht sich die Folie dann über eine kleine Kunststoffrolle am vorderen Ende des Gerätes. Auf diese Rolle setzt man das Glasstück auf und rollt seine Kanten rundum ab. Zwei elastische Führungen zentrieren es dabei, so daß die Folie auf beiden Seiten des Glases gleichmäßig übersteht. Der Anroller kann auf dem Arbeitstisch befestigt oder aus der Hand angewendet werden.

Das Werkzeug rechts außen ist ein Andrücker, mit dem die Folie nach dem Anrollen umgebördelt und angedrückt werden kann. Links außen in der Abbildung ist ein Folienhalter, der eine einzelne Kupferfolienrolle aufnehmen kann.

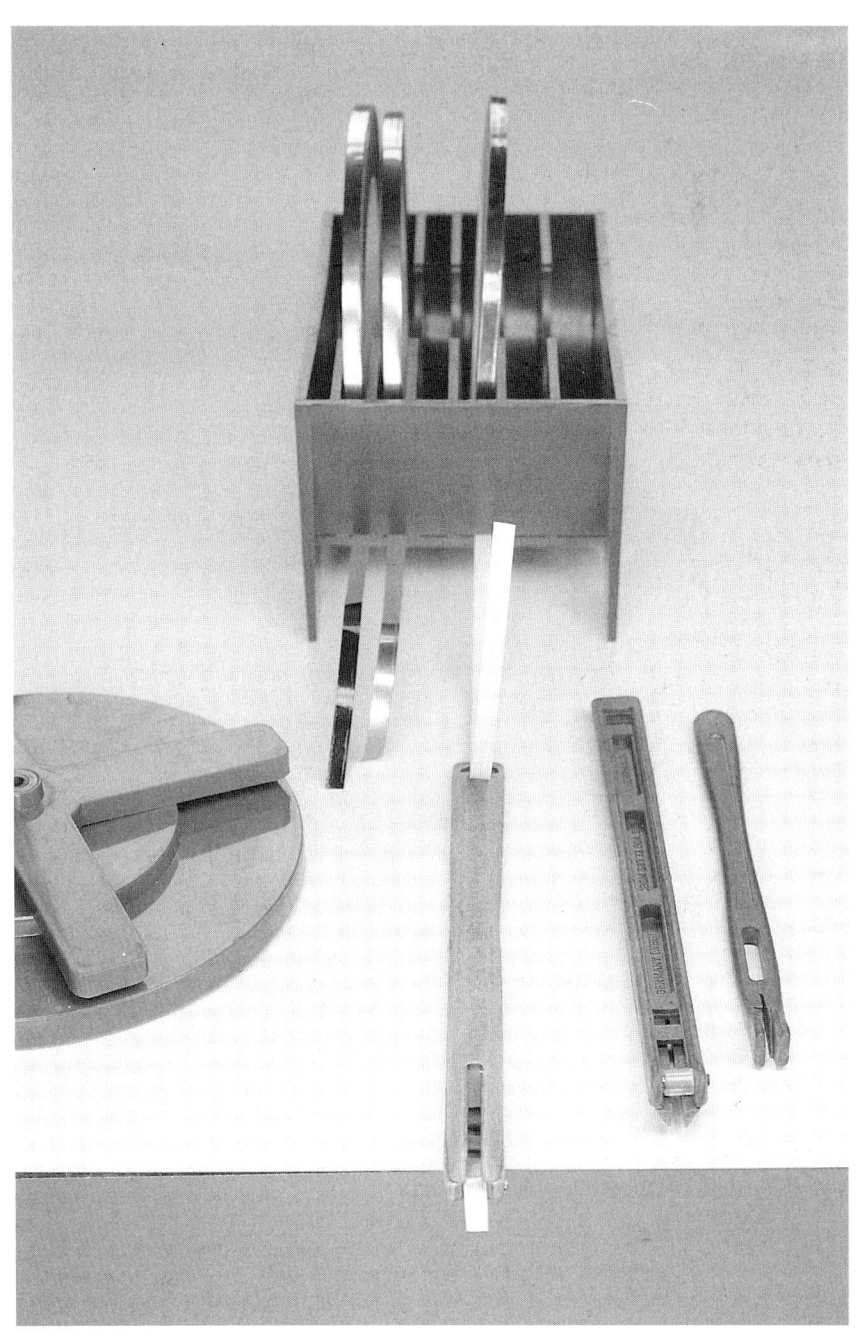

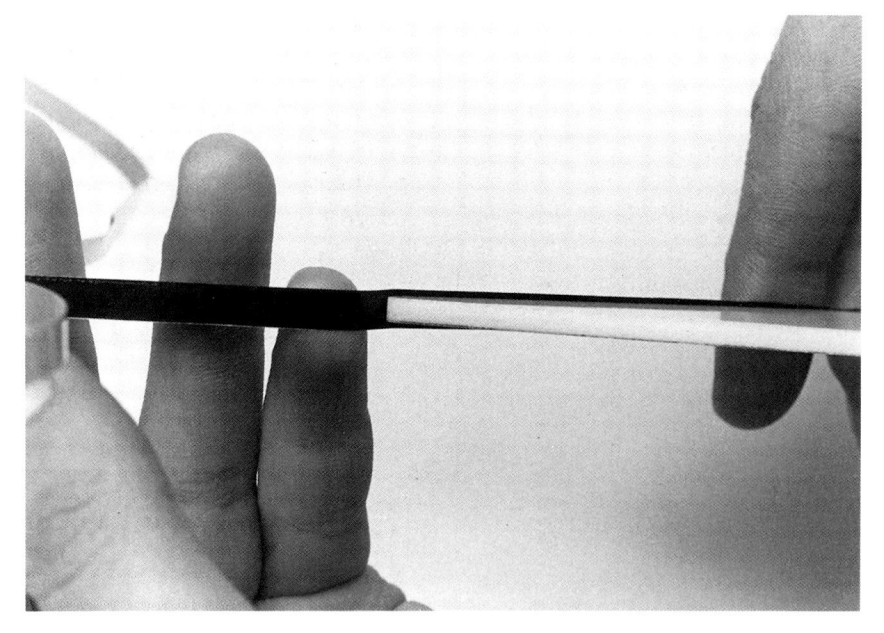

Der technische Ablauf von Tiffany-Verglasungen

Besonders beim Folieren ohne weitere Hilfsmittel muß darauf geachtet werden, daß das Glasstück in der Mitte der Folie aufliegt und daß die Finger die Klebeschicht möglichst nicht berühren.

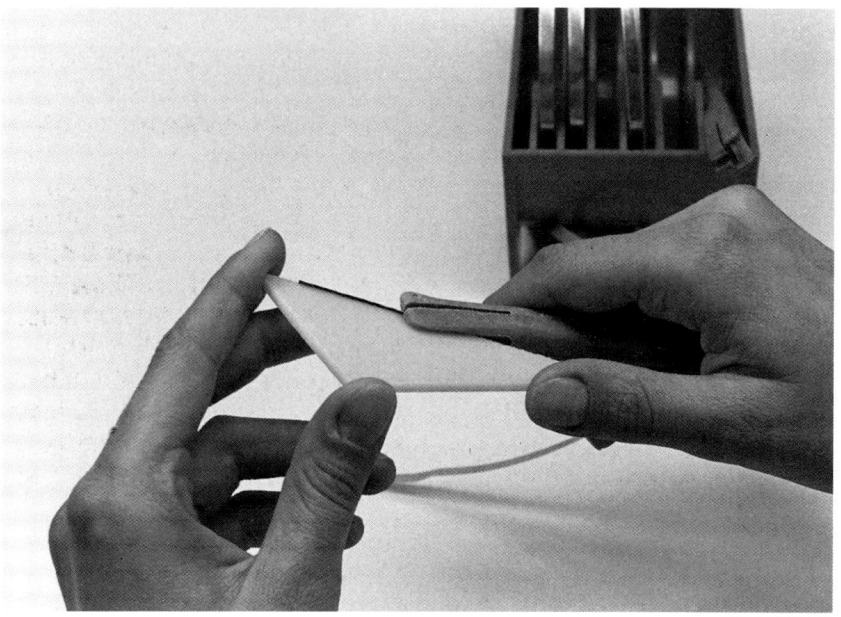

Folieren mit dem Anroller aus der Hand. Jede Folienbreite benötigt den dafür passenden Anroller.

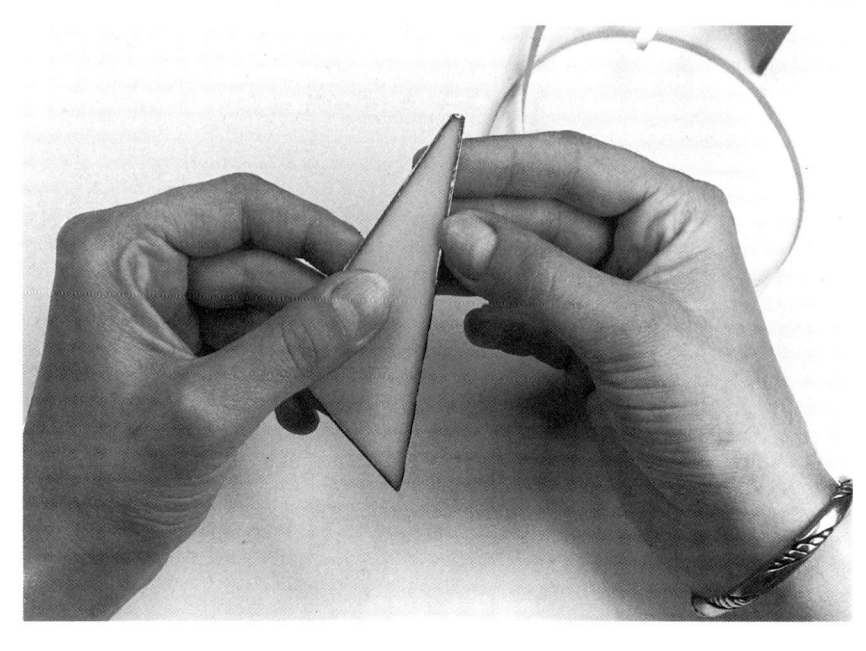

Nach dem Anrollen wird die Folie umgebördelt und gut angedrückt. Dies geht sehr gut mit den Fingern, kann aber auch mit einem Andrücker vorgenommen werden.

Löten

Unter Verlötung versteht man eine haltbare Verbindung metallischer Werkstücke mit Hilfe von geschmolzenen metallischen Bindemitteln (Lote), deren Schmelzpunkt stets niedriger liegt als der Schmelzpunkt der zu verbindenden Metalle. Bei Hartlötungen wird die Schmelztemperatur durch eine offene Gasflamme erzeugt und liegt über 450° C. Lötarbeiten mit einer Maximaltemperatur unter 450° C, wie bei der Tiffany-Technik, bezeichnet man als Weichlöten. Die nötige Wärmeenergie wird dabei von einem Lötkolben geliefert. Zu Tiffanys Zeiten — als Edison gerade die elektrische Glühbirne entwickelt hatte — war dies ein Eisenschaft mit Holzgriff und einer dicken Kupferspitze am vorderen Ende. Um die notwendige Löttemperatur abgeben zu können, mußte dieses Gerät immer wieder in einer Feuerglut aufgeheizt werden.

Lötkolben

Im Jahre 1921 entwickelte Ernst Sachs den ersten Lötkolben, bei dem die Lötspitze durch ein elektrisches Heizelement aufgeheizt wurde. Die heute verwendeten elektrischen Lötkolben haben, je nach Art der Anwendung, eine Leistung zwischen 5 und 750 Watt. Der Standard-Lötkolben für die Tiffany-Arbeit hat etwa 75 Watt und erreicht in der ungeregelten Version eine Maximaltemperatur von ca. 410° C im Ruhezustand, d.h. wenn keine Hitze abgeführt wird. Er ist für mittlere Fensterverglasungen und alle Lampenschirmarbeiten gut geeignet. Für kleinere Arbeiten ist er unter Umständen zu stark. Da er ständig heizt, kann er das Lötzinn überheizen und dadurch seine Fließeigenschaften deutlich herabsetzen. Darüber hinaus besteht die Gefahr, daß kleine Glasteile zu stark aufgeheizt werden und aufgrund von thermischen Spannungen brechen. Bei solchen Lötarbeiten sollte man daher die Stromzufuhr des ungeregelten Lötkolbens gelegentlich unterbrechen.

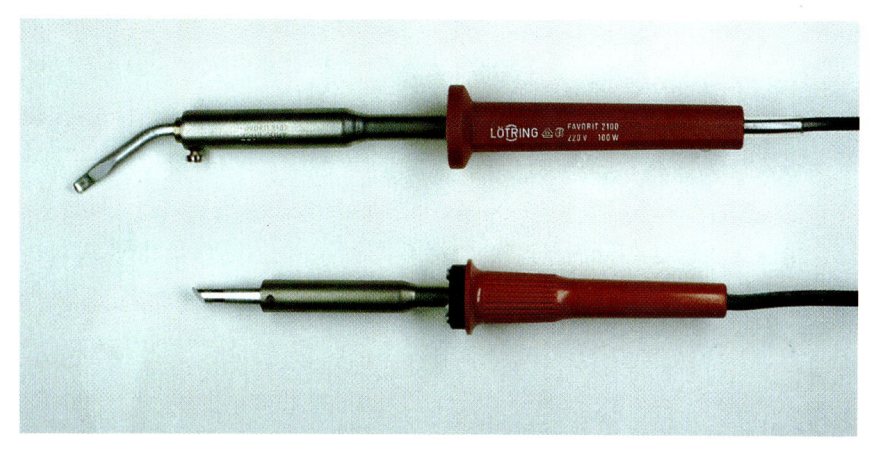

Seit einiger Zeit gibt es auch temperaturgeregelte Lötkolben. Bei den einfachen Versionen wird die Temperaturentwicklung auf mechanischem Wege kontrolliert, zum Beispiel durch die Wärmeausdehnung eines Meßstabes, der sich in der Lötspitze befindet. Wenn eine bestimmte — von Modell zu Modell unterschiedlich eingestellte — Maximaltemperatur erreicht ist, wird die Stromzufuhr unterbrochen und erst wiederhergestellt, wenn die Temperatur unter dem voreingestellten Wert liegt. Diese Lötkolben haben sich in der Tiffany-Technik bestens bewährt, weil sie eine Überhitzung so gut wie ausschließen und trotzdem eine ausreichende Leistungsreserve bieten.

Eine sehr genaue Temperatursteuerung kann mit elektronisch geregelten Lötkolben oder Lötstationen erreicht werden. Diese Geräte haben im Gegensatz zu anderen Kolben eine innenbeheizte Lötspitze, d.h. die Lötspitze umschließt das Heizelement. Dadurch ist der Wärmeverlust äußerst gering, und es wird weniger Energie

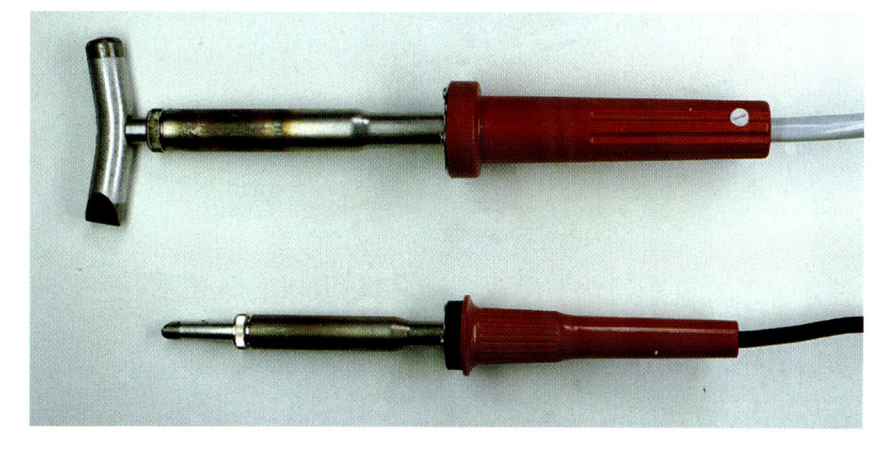

Der Standard-Lötkolben für die Tiffany-Technik hat etwa 75 W. Damit lassen sich alle normalen Lötarbeiten durchführen.

Professionelle Lötkolben mit einer mechanischen Temperaturregelung schließen eine Überhitzung der Materialien weitestgehend aus.
Unten: 100 W Lötkolben mit Temperaturregelung
Dauerlötspitze mit 45° Schräge, 7 mm Ø, Arbeitstemperatur 340°, Leerlauftemperatur ca. 370°
Oben: 200 W Lötkolben mit 16 mm Hammerlötspitze
Arbeitstemperatur 300°, Leerlauftemperatur 345°. Dieser Lötkolben ist besonders für umfangreiche Lötarbeiten und Bleilötungen geeignet.

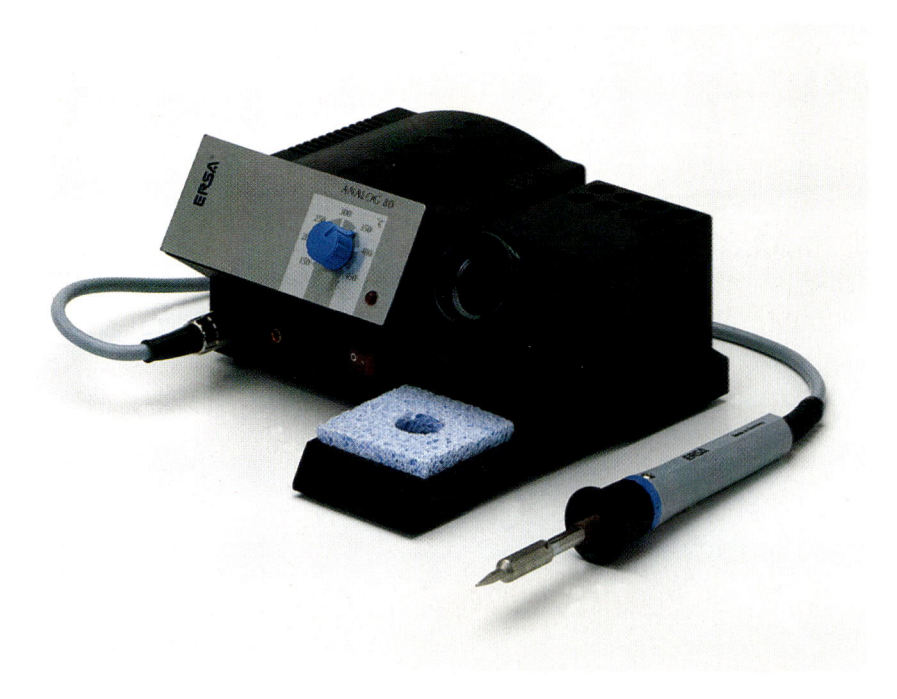

Der technische Ablauf von Tiffany-Verglasungen

Bei Lötstationen wird die Temperatur auf elektronischem Wege geregelt. Sie haben kurze Anheizzeiten, eine sehr genaue Temperaturkontrolle zwischen 150° C und 400° C und können deshalb optimal auf die jeweilige Lötarbeit eingestellt werden. Als Lötspitzen stehen mehrere innenbeheizte Versionen zur Auswahl.

gebraucht. Der Temperaturfühler sitzt im Wärmefluß nahe an der Lötspitze und erfaßt dort realistische Temperaturen. In Verbindung mit einer externen Regelelektronik kann die Löttemperatur stufenlos zwischen 150° C und 400° C eingestellt werden. Neben diesen Vorteilen zeichnen sich Lötstationen durch leichte und handliche Kolben, sehr kurze Anheizzeiten und ein gleichmäßiges Temperaturniveau aus. Sie haben sich in der Tiffany-Technik hervorragend bewährt.

Lötspitzen

Das eigentliche „Herzstück" eines Lötkolbens ist die Lötspitze.
Sie sorgt für den Wärmefluß vom Heizelement über das Lot zur Lötstelle und wird in verschiedenen Ausführungen mit unterschiedlichen Eigenschaften hergestellt.

Kupferlötspitze

Die einfachste Lötspitze besteht aus Elektolytkupfer und hat eine sehr gute Wärmeleitfähigkeit. Sie hat allerdings auch einige Nachteile. So oxidiert sie zum Beispiel sehr stark unter Temperatureinfluß. Außerdem werden durch den Kontakt mit Lötzinn Kupferteilchen ausgelöst, so daß sie im Laufe der Zeit immer mehr an Material verliert und am Ende völlig zerfressen ist (s. Seite 43). Um sie funktionsfähig zu erhalten, ist daher ein hoher Pflegeaufwand erforderlich.

Die Verbrennungstoffe des Flußmittels und Oxidprodukte des Lötzinns haften an der Lötbahn (Verzundern der Lötspitze) und vermindern die Wärmeleitfähigkeit und die Lötzinnannahme.
Sie müssen immer wieder durch Reiben an einem Salmiakstein entfernt werden. Zerfressene Spitzen feilt man von Zeit zu Zeit glatt und blank.

Besonders wichtig ist die Reinigung des Schaftes. Dieser vom Heizelement umschlossene Teil der Lötspitze ist einer Temperatur von 700° C bis 900° C ausgesetzt und oxidiert sehr schnell. Die Oxidschicht wirkt als Isolator zwischen Lötspitzenschaft und Heizkörper und behindert so den Wärmefluß. Es entsteht ein Wärmestau, und das Heizelement kann durchbrennen. Ohne regelmäßige Reinigung mit einer Messingdrahtbürste wird die Oxidschicht immer stärker und führt dazu, daß die Lötspitze im Heizkörper festsitzt. Ein Spitzenwechsel ist dann nicht mehr möglich, und schließlich wird durch eine weitere Ausdehnung das Heizelement zerstört.

Durch die regelmäßige Entfernung der Oxidschicht und die ständige weitere Oxidation wird der Durchmesser des Lötspitzenschaftes laufend vermindert. Wenn er zu klein geworden ist, kann die Hitze aus dem Heizelement nicht mehr ausreichend abgeführt werden, und es kommt zu einem Hitzestau mit den bereits beschriebenen Folgen. Aus diesem Grund sollten verbrauchte Kupferspitzen stets rechzeitig gegen neue ausgetauscht werden.

Zunderfeste Lötspitzen

Wird die Oberfläche einer Kupferlötspitze mit einer Aluminium-Kupfer-Legierung überzogen oder durch eine galvanisch aufgebrachte Nickelschicht geschützt, spricht man von einer zunderfesten Lötspitze. Diese Spitzen sind auch am Schaft sehr korrosionsbeständig, setzen keinen Zunder an und haben eine gleichbleibend gute Wärmeübertragung. Ein Festfressen im Heizkörper ist nicht mehr so leicht möglich.

Ein Nachteil ist allerdings, daß die Legierung oder Nickelschicht kein Lötzinn annimmt. Die Lötbahn muß daher abgefeilt werden, bis Kupfer hervortritt. Das nun freiliegende Kupfer unterliegt natürlich den bereits beschriebenen Einflüssen und muß daher immer wieder nachgearbeitet werden.

Durch ihr silbriges Aussehen im ungebrauchten Zustand werden zunderfeste Lötspitzen oft mit Dauerlötspitzen verwechselt.
Sie sind jedoch daran zu erkennen, daß ihre Lötbahn nicht - wie bei der Dauerlötspitze - bereits vorverzinnt ist. (siehe S. 43)

Löten

Dauerlötspitzen

Auch Dauerlötspitzen haben einen Kern aus Elektrolytkupfer. Darüber liegen eine galvanisch aufgebrachte Schicht aus plattiertem Eisen und ein Überzug aus Chrom.

Der große Vorteil dieser Spitzen ist ihre Dauerhaftigkeit und ihr gutes Wärmeleitvermögen. Der Chromüberzug des Schaftes wirkt korrosionshemmend und muß nur bei außenheizenden Lötkolben gelegentlich von niedergeschlagenen Flußmitteldämpfen gereinigt werden. Die Lötbahn ist nicht verchromt, sondern mit einer verschleißfreien Schicht aus plattiertem Eisen überzogen und bereits vorverzinnt.

Gegenüber normalen Kupferspitzen haben Dauerlötspitzen eine etwa 10- bis 20-fache Lebensdauer. Sie benötigen allerdings auch die entsprechende Pflege. Die Lötbahn sollte öfters während des Lötens mit einem gut feuchten Viskoseschwamm abgewischt werden, um Verunreinigungen zu entfernen. Gelegentliches kurzes Eintauchen in Flußmittel verbessert die Lötzinnannahme. Auf keinen Fall dürfen Dauerlötspitzen mechanisch, z.B. durch Feilen, bearbeitet werden. Die Eisenschicht würde dadurch zerstört, und die Spitze hätte nur noch die Eigenschaft einer zunderfreien Lötspitze. Die Lötbahn der Dauerlötspitze muß immer gut verzinnt sein, besonders in Ruhestellung; sonst besteht die Gefahr, daß durch die Hitze freiliegendes Eisen passiv wird und nur noch schlecht Lötzinn annimmt. Falls dies einmal geschehen ist, muß die Lötbahn durch abwechselnde vorsichtige Behandlung mit einer Messingbürste, Tauchen in ein Flußmittel und anschließendem Verzinnen wieder aktiviert werden. In der Regel muß diese Behandlung mehrmals wiederholt werden, bis ein Erfolg eintritt.

In der Tiffany-Technik ist die Dauerlötspitze zum Standard geworden, weil sie sich in allen Bereichen bestens bewährt hat.

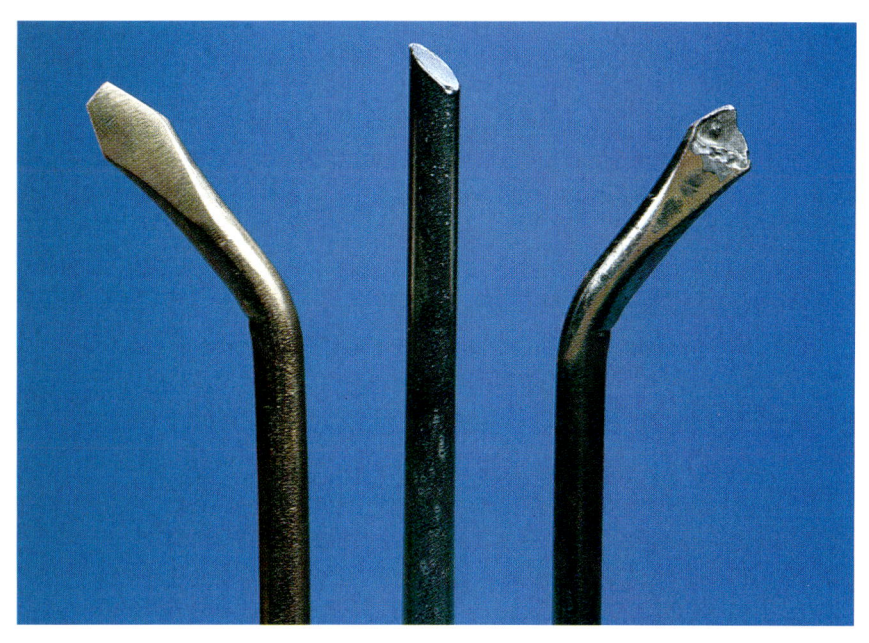

Materialverlust einer Kupferlötspitze verursacht durch Kupferauslösungen von Lötzinn und Oxidation. Im Vergleich dazu eine neuwertige Spitze. In der Mitte eine zunderfeste Lötspitze.

Ohne regelmäßige Pflege wird auch eine Dauerlötspitze durch niedergeschlagene Lötmitteldämpfe zerfressen und sitzt im Lötkolbenschaft fest. Ein Spitzenwechsel ist dann nicht mehr möglich und der Lötkolben wird unbrauchbar.

Dauerlötspitzen in unterschiedlichen Formen. In der Tiffany-Technik hat sich die abgeschrägte Form am besten bewährt, weil sie universell verwendbar ist und eine gute Hitzesteuerung ermöglicht.

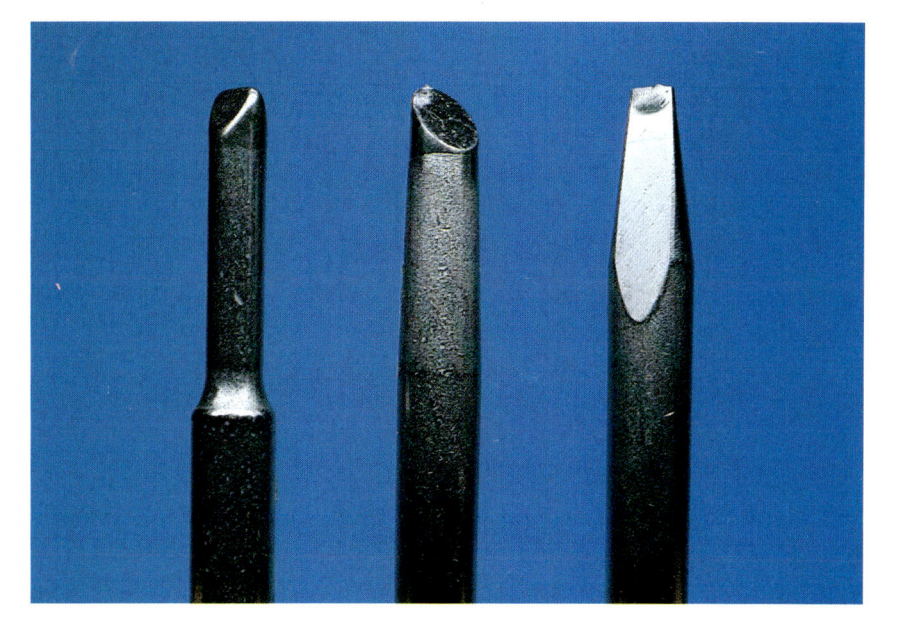

Der technische Ablauf von Tiffany-Verglasungen

Flußmittel

Wie alle Buntmetalle (Messing, Blei, Zinn, Nickel u.a.) oxidieren Kupferfolien sehr schnell. Auch Folien, die gerade erst aus ihrer Verpackung genommen wurden, haben auf ihrer Oberfläche eine oft nicht sichtbare, hauchdünne Oxidschicht. Durch den weiteren Kontakt mit Sauerstoff wird diese Schicht stärker und verfärbt sich dunkel und fleckig. Selbst leicht oxidierte Kupferoberflächen verhindern die Lotannahme und müssen deshalb gereinigt werden. Dazu wird ein sogenanntes Flußmittel unmittelbar vor dem Löten auf die Kupferfolie gestrichen. Während des Lötvorgangs durchbricht das kochende Flußmittel die Oxidschicht des Kupfers und des Lotes und erzeugt metallisch reine Oberflächen. Erst dadurch können die Moleküle des flüssigen Lötzinns in die winzigen Vertiefungen (Korngrenze) der Kupferoberfläche eindringen und eine Verbindung in Form von mikroskopisch kleinen Verzahnungen herstellen.

Bei stark oxidierten Folien reicht das Flußmittel unter Umständen nicht aus. In solchen Fällen muß die Kupferoberfläche mit einer feinen Stahlwolle (Körnung 000) vorgereinigt werden.

Der Auftrag des Flußmittels erfolgt am besten mit einem festen Pinsel. Die erforderliche Menge hängt vom Grad der Oxidation ab; im Idealfall sollte die aufgetragene Flüssigkeit während des Lötvorgangs vollständig verdampfen. Überschüssiges Flußmittel vermischt sich mit dem flüssigen Lötzinn und kocht zum Teil mit Bläschen aus der Lötstelle aus. Um dennoch eine saubere und glatte Lötnaht zu erhalten, muß der Lötvorgang gegebenenfalls mehrere Male wiederholt werden.

In der Tiffany-Technik werden üblicherweise anorganische Flußmittel auf der Basis von Zink- und gegebenenfalls anderen Metallchloriden und/oder Ammoniumchlorid verwendet. Diese Flußmittel sind sehr aggressiv und hochwirksam. Ihre Typbezeichnung nach DIN 8511 lautet F-SW 11 und F-SW 12, oft auch Lötwasser oder Flux genannt. Beide Mittel sind säurehaltig. Je mehr Säure sie enthalten, desto besser wird die Oxidschicht auf der Kupferfolie durchbrochen. Auch Lötfett (z.B. F-SW 21) besteht aus diesen Inhaltsstoffen, wenn auch in organischer Zubereitung.

Beim Lötvorgang verdampft ein Teil des Flußmittels und befindet sich in der unmittelbaren Atemluft. Werden diese Dämpfe über einen längeren Zeitraum eingeatmet, können sich Kopfschmerzen, Übelkeit und Reizungen der Schleimhäute und Atemwege einstellen. Abhilfe kann hier nur eine intensive Raumbelüftung schaffen. Ein offenes Fenster oder ein kleiner Ventilator reichen meist schon aus.

Ein vollkommen anderes Flußmittel ist Lötöl, meist ein Stearinöl-Gemisch. Dieses Lötmittel ist weitaus weniger aggressiv und birgt nicht die oben erwähnten gesundheitlichen Risiken.

Lötöl ist aber auch weitaus weniger wirksam. Es muß unter Umständen bei jedem weiteren Lötvorgang wieder neu aufgetragen werden und erzeugt dennoch nicht die Fließeigenschaften von F-SW 11 oder F-SW 12. Seine Verwendung sollte daher nur auf Lötarbeiten an empfindlichen Materialien, wie Spiegel, beschränkt werden.

Die Bezeichnung „säurefrei" in Verbindung mit Lötöl ist irreführend; auch natürliche Harze wie Kolophonium — selbst das alternative Lötmittel Bienenwachs — enthalten leichte Fettsäuren. „Säurearm" wäre die richtigere Bezeichnung. Auf jeden Fall sollte auch bei der Anwendung von Lötöl für eine ausreichende Raumbelüftung gesorgt werden.

Lote

Beim Weichlöten werden sogenannte Weichlote benutzt. Dies sind Legierungen aus Zinn (Sn) und Blei (Pb), die durch ihr Schmelzen bei weniger als 450° C andere Metalle miteinander verbinden können. Für die verschiedenen Anwendungsbereiche gibt es, nach DIN 1707 genormte, unterschiedliche Legierungsverhältnisse mit Zusatzstoffen wie Antimon (Sb), Kupfer (Cu), Silber (Ag), Zink (Zn) und Cadmium (Cd). Nicht alle Lote dieser Norm sind für die Tiffany-Technik geeignet. Der Schmelzbereich eines Lotes wird durch den Beginn des Schmelzens (Solidustemperatur) und den Punkt der vollständigen Verflüssigung (Liquidustemperatur) begrenzt. Nur eine Legierung von 63 % Zinn und 37 % Blei (sogenanntes eutektisches Lot) geht bei einer Temperatur von 183° C direkt vom festen in den flüssigen Zustand über. Alle anderen Legierungen durchlaufen eine Übergangsphase, in der sie weder fest noch flüssig sind. Bei einer 60 %/40 %-Legierung liegt der Beginn des Schmelzens bei 183° C, und die vollständige Verflüssigung ist bei 190° C erreicht. Je mehr Blei in der Legierung enthalten ist, desto höher liegt die Liquidustemperatur.

Der Schmelzbereich von 7° C der 60/40-Legierung wirkt sich bei der Arbeit mit der Tiffany-Technik sehr günstig aus. Das

Auswahl der nach DIN 1707 genormten Lote:

Kurzzeichen		Nr.	Zusammensetzung, Gewicht-%	Solidus/Liquidus	
L-Sn50PbSb	antimonhaltig	2.3653	50 Sn; 0,5-3,0 Sb; Rest Pb	186° C	205° C
L-Sn50Pb(Sb)	antimonarm	2.3655	50 Sn; 0,12-0,5 Sb; Rest Pb	183° C	215° C
L-Sn60Pb(Sb)	antimonarm	2.3665	60 Sn; 0,12-0,5 Sb; Rest Pb	183° C	190° C
L-Sn60Pb	antimonfrei	2.3660	60 Sn; Rest Pb	183° C	190° C
L-Sn63Pb	antimonfrei	2.3663	63 Sn; Rest Pb	183° C	183° C

Löten

Lötzinn hat einen relativ niedrigen Schmelzpunkt und bleibt während des Lötvorgangs eine ausreichende, jedoch nicht zu lange Zeit flüssig. Dadurch gleicht sich der Flüssigkeitspegel über eine längere Lötstrecke aus, und die Nähte werden gleichmäßiger als bei anderen Loten.

Lötzinn wird nach unterschiedlichen Verfahren hergestellt. Zum einen kann das Zinn aus Zinnerz erschmolzen werden - sogenanntes „jungfräuliches Zinn" — und zum anderen kann es aus Altmaterial - sogenannter „Zinnasche" — zurückgewonnen werden. Entsprechendes gilt auch für Blei. Das Erschmelzen aus Erzen ist sehr aufwendig, führt aber zu einem qualitativ sehr hochwertigen Material, bei dem die Gefahr von Verunreinigungen in der Legierung gering ist. Die hohe Qualität dieses Lötzinns macht sich natürlich auch im Preis bemerkbar.

Lötzinn, das aus Altmaterial zurückgewonnen wird, muß von mancherlei Verunreinigungen befreit werden, die sich auf die Qualität auswirken würden. Schon geringe Anteile an Kupfer können zum Beispiel Dauerlötspitzen inaktiv machen, und durch zuviel Antimon wird Lötzinn spröde und büßt an Fließeigenschaften ein. Mit einer entsprechenden Laborkontrolle kann jedoch auch aus Altmaterial eine Legierung hergestellt werden, die den Anforderungen der Tiffany-Technik in Bezug auf Fließeigenschaft und optischem Erscheinungsbild vollauf gerecht wird. Leider ist diese Kontrolle nicht bei jeder Metallhütte gegeben, und so manches Tiffany-Lötzinn hat seinen Namen wegen des hohen Anteils an Verunreinigungen im Grunde genommen nicht verdient.

Lote mit Zusatzstoffen wie Silber oder Kupfer haben für die Tiffany-Technik keine besondere Bedeutung. Silberhaltiges Lötzinn wird zum Beispiel für Lötungen an hochwertigen und empfindlichen Elektronikbauteilen benutzt, weil es unter anderem einen niedrigen Schmelzpunkt hat. Für die Tiffany-Technik entstehen dadurch jedoch keine besonderen Vorteile.

Anders verhält es sich mit Antimon. Bei anhaltenden Temperaturen unter 13° C kann sich Zinn langsam in eine graue, pulverige Form umwandeln. Diese Umwandlung geht von einzelnen Herden aus und wird als "Zinnpest" bezeichnet. Besonders Verglasungen im Außenbereich können davon betroffen sein. Durch den Zusatz von Antimon, einem sehr spröden Metall, wird diese Gefahr vermieden.

Lote mit bereits enthaltenen Flußmitteln, sogenannten „Seelen", sind für die Tiffany-Technik nicht geeignet. Die Lötseelen bestehen zumeist aus Kolophonium oder anderen Harzen und verbrennen mit Rückständen, die nur sehr schwer wieder von den Lötnähten zu entfernen sind. Außerdem lassen die Fließeigenschaften dieser Lote sehr zu wünschen übrig.

Das im Lötzinn enthaltene Blei ist ein gesundheitsschädigendes Schwermetall. Deshalb sollte man bei der Arbeit mit Lötzinn darauf achten, kein Blei in den Körper aufzunehmen, d.h. während der Arbeit nicht zu rauchen oder zu essen und nach der Arbeit gründlich die Hände zu waschen.

Lötvorgang

Das Verlöten eines Tiffany-Objektes umfaßt in der Regel drei Arbeitsgänge: Punktlöten, Groblöten und Feinlöten.

Punktlöten

Je nach Art des Objektes können die eingefaßten Glasteile entweder komplett auf der Arbeitsvorlage ausgerichtet oder aber - von einem Teil ausgehend - einzeln und nacheinander punktgelötet werden. Bei der ersten Methode besteht die Möglichkeit, die Glasteile mit Stecknadeln (bei flachen Objekten) oder Haftwachs (bei gewölbten Objekten) zu fixieren. Damit kann die Paßgenauigkeit der Teile und der Gesamteindruck des Objektes auf einen Blick beurteilt und gegebenenfalls korrigiert werden.

Das Auftragen des Flußmittels erfolgt sinnvollerweise vor dem endgültigen Ausrichten der Teile, entweder mit einem schmalen

Lötzinn wird auf Rollen und in Fäden (2-3 mm) angeboten. Es sollte auf die jeweilige Qualität geachtet werden. Stark oxidiertes Lötzinn bereitet Schwierigkeiten bei der Verarbeitung.

Der technische Ablauf von Tiffany-Verglasungen

Pinsel nur auf die Kupferfolie oder mit einem breiten Pinsel über das gesamte Objekt. Beim großflächigen Auftragen ist allerdings Vorsicht geboten: Bestimmte, sehr glatte Gläser reagieren auf Flußmittel und entwickeln auf ihrer benetzten Oberfläche einen Farbschimmer, der dem von leicht irisierenden Gläsern ähnlich ist und sich nicht wieder entfernen läßt.

Zum Punktlöten nimmt man einen Tropfen Lötzinn an die Spitze des Lötkolbens und gibt ihn vorsichtig auf die Lötstelle. Dabei sollte die Kupferfolie möglichst nicht von der Lötspitze, sondern nur vom flüssigen Lötzinn berührt werden. Bei nicht mit Stecknadeln oder Haftwachs fixierten Glasteilen darf das Lötzinn nicht zu tief in den Lötspalt eindringen; die Teile könnten sonst auseinander gedrückt werden. Sobald das Zinn mit der Folie eine Verbindung hergestellt hat — im Normalfall nach etwa einer Sekunde — wird die Lötspitze wieder zurückgezogen. Erst wenn alle Glasteile untereinander verbunden sind, werden die Stecknadeln entfernt, und das eigentliche Verlöten kann beginnen.

Groblöten

Die optische Qualität der Nähte ist beim groben Verlöten noch ohne Bedeutung. Mit diesem Arbeitsgang werden einerseits die Fugen zwischen den Glasteilen vollständig mit Lötzinn ausgefüllt, und andererseits wird zusätzlich eine ausreichende Menge an Lötzinn aufgetragen, die später zu einer halbrund gewölbten Naht geglättet wird.

Um eine gute Lötnaht zu erhalten, müssen drei Faktoren beachtet bzw. gesteuert werden:
 — die Temperatur des Lötkolbens
 — die Menge des Lötzinns
   (Breite der Naht) und
 — die Geschwindigkeit der Lötbewegung.

Beim Lötvorgang an langen oder breiten Nähten fällt die Ausgangstemperatur der Lötspitze ständig ab, weil mehr Hitze über das Lötzinn in die Nähte abgeführt wird als das ständig arbeitende Heizelement nachliefern kann. Je mehr Lötzinn verlötet wird, desto mehr Hitze fließt ab und desto langsamer muß die Lötbewegung sein, um ein vollständiges Verflüssigen des Zinns zu gewährleisten. Die Lötkolben mit einer hohen Leistung (über 100 Watt) können die Schmelztemperatur länger aufrecht erhalten, da deren Heizelemente mehr Hitze in kürzerer Zeit produzieren können. Von entscheidender Bedeutung ist allerdings auch die jeweilige Lötspitze: Je mehr Masse sie besitzt, desto größer ist ihre Hitze-Speicherkapazität. Bei kurzen oder schmalen Nähten fällt die Temperatur meist nicht ab, sondern steigt, weil mehr Hitze nachgeliefert als verbraucht wird. Diese Überhitzung wirkt sich negativ auf die Qualität der Lötnähte aus, sowohl optisch, als auch technisch. Überhitztes Lötzinn oxidiert sehr schnell, fließt schlecht und bildet daher keine glatten Nähte. Außerdem kann der Folienkleber durch eine zu hohe Temperatur so weich werden, daß sich die Folie abhebt, oder er kann sogar völlig austrocknen und seine Klebekraft verlieren. Eine Überhitzung kann auch dazu führen, daß Glasteile zerspringen.

Temperaturgeregelte Lötkolben können einen zu starken Temperaturanstieg verhindern, aber sie können nicht jede beliebige Hitzemenge nachliefern. Um dennoch eine ausreichende Leistungsreserve zu erhalten, sind diese Kolben in der Regel stärker ausgelegt (mind. 100 Watt) oder sie verfügen über extrem kurze Anheizzeiten (Lötstationen).

Ungeregelte Lötkolben müssen bei kurzen oder schmalen Nähten zwischenzeitlich von der Stromzufuhr getrennt werden, um einen allzu starken Temperaturanstieg zu vermeiden.

Eine Möglichkeit des groben Lötzinnauftragens ist die schon erwähnte Punktlötmethode. Sie ist jedoch ziemlich zeitraubend, selbst wenn große Zinntropfen an die Lötspitze genommen werden. Deshalb kommt üblicherweise eine andere, effektivere Methode zur Anwendung: Lötspitze und Lötzinn-Faden werden zusammen über die Naht geführt. Die Spitze hat dabei Kontakt mit der Kupferfolie, und das Lötzinn wird ständig durch das abschmelzende Zinn des Lötzinn-Fadens ersetzt. Die Geschwindigkeit der Lötbewegung und die Zugabe von Zinn an die Lötspitze müssen so koordiniert werden, daß das Zinn in ausreichender Menge aufgetragen wird, vollständig schmilzt und eine gute Verbindung mit der Kupferfolie eingeht. Im Idealfall ist die flüssige Lötstrecke hinter der Spitze etwa 3 cm lang. Der Lötkolben wird bei diesem Arbeitsgang gezogen und niemals geschoben. Nur so bildet sich hinter der Lötspitze, bei ausreichender Zinnmenge, eine halbrund gewölbte Naht.

Beide Seiten eines flachen, bzw. Außenseite und Innenseite eines räumlichen Objektes werden auf diese Weise verlötet, bevor mit dem Feinlöten Ansatzstellen oder Unebenheiten nachgearbeitet werden können. Nach einiger Übung und Erfahrung sind die Nähte nach dem Groblöten jedoch meist so gut, daß kaum noch Korrekturen durchgeführt werden müssen.

Feinlöten

Beim Feinlöten sollte die zu lötende Naht immer waagerecht liegen, damit das flüssige Zinn nicht wegfließen kann. Der Lötkolben wird langsam und gleichmäßig vom Anfang einer Naht bis zu ihrem Ende gezogen, ohne zwischendurch die Spitze von der Naht zu nehmen und dadurch den Lötvorgang zu unterbrechen. Einerseits muß darauf geachtet werden, daß das Lötzinn schmelzen kann, andererseits darf die Lötbewegung auch nicht zu langsam sein, sonst würde das Zinn auf die Rückseite durchfließen und dort Tropfen bilden.

Löten

Wenn sich zwei Nähte kreuzen, wird die Lötgeschwindigkeit stark herabgesetzt oder die Lötspitze bleibt einen Augenblick an solchen Stellen stehen, um auch die „Abzweigungen" schmelzen zu lassen und nicht nur eine Schicht Zinn über die andere zu legen. Teilt sich eine Naht in zwei Nähte, so wird der Lötkolben möglichst in Richtung des Vereinigungspunktes gezogen, der dadurch weniger massiv ausfällt.

Damit Ansatzstellen so unauffällig wie möglich sind, sollten Einstiegs- und Ausstiegspunkte für die Lötspitze an Kreuzungen oder am Außenrand liegen.

Ein fester Lötrahmen kann auf ein bestimmtes Außenmaß fixiert werden und verhindert, daß die einzelnen Glasteile verrutschen. Nach dem Einstreichen des Flußmittels werden alle Teile genau ausgerichtet. Erst dann wird mit dem Punktlöten begonnen.

Beim Punktlöten nimmt man einen Tropfen Lötzinn an die Lötspitze und tupft ihn auf die Kupferfolie auf.

Der technische Ablauf von Tiffany-Verglasungen

Eine halbrund gewölbte Naht entsteht, wenn die Lötspitze nach dem Groblöten gleichmäßig durch die Naht gezogen wird.

Beim koordinierten Löten wird der Lötzinnfaden zusammen mit der Lötspitze über die Naht geführt. Die Menge des schmelzenden Zinns, die Lötgeschwindigkeit und die Lötspitzentemperatur müssen dabei in ein optimales Verhältnis gebracht werden.

Reinigung nach dem Löten

Unmittelbar nach dem Löten müssen die Glasobjekte gründlich mit heißer Seifenlauge abgewaschen werden. Es sollten möglichst alle Flußmittelreste entfernt oder zumindest stark verdünnt werden. Geschieht dies nicht in ausreichendem Maße, bildet sich später auf dem Zinn ein grauweißer Belag aus Salzen der im Flußmittel enthaltenen Säure, der kaum zu entfernen ist.

Sogenannte „Neutralisationsmittel" sind nicht sonderlich geeignet, weil die Zusammensetzungen der Flußmittel unterschiedlich sind und nur ein genau darauf abgestimmtes Neutralisationsmittel zum gewünschten Erfolg führen würde.

Patinieren

Im Laufe der Jahre setzen die zinnfarbenen Lötnähte eine natürliche Patina an. Je nach Art der Umwelteinflüsse kann der Farbton von leicht Grünlich-Grau über Dunkelgrau bis Anthrazit reichen. Verursacht wird diese Patina durch schwache Säuren in der Umgebungsluft, die das Lötzinn angreifen und eine hauchdünne oberflächliche Verfärbung erzeugen. Eine Patina auf den Nähten ist beileibe kein Verarbeitungsfehler; die meisten Tiffany-Objekte erhalten dadurch erst ihren endgültigen Charakter. Die dunkle Färbung läßt Unregelmäßigkeiten optisch in den Hintergrund treten und betont sehr stark das Netz aus Zinnähten. Durch die starke Kontrastfarbe werden die einzelnen Glasteile voneinander getrennt.

Man muß jedoch nicht unbedingt jahrelang warten, bis sich eine natürliche Patina entwickelt hat. Mit flüssigen Chemikalien läßt sich auch eine künstliche Patina erzeugen. Zur Auswahl stehen die Farbtöne Kupfer, Bronce und Anthrazit bis Schwarz. Die Chemikalien werden mit einem Pinsel - oder besser mit einem Baumwolltuch - auf die Lötnähte aufgetragen und rufen augenblicklich die Färbung hervor. Damit das Zinn die Chemikalie annimmt, muß seine Oberfläche frei von Verunreinigungen oder Oxidschichten sein, d.h. es muß unmittelbar nach einer Reinigung patiniert werden. Die Reinigung kann entweder mit Scheuerpulver sofort nach dem Löten oder mit feiner Stahlwolle nach einer längeren Lagerung erfolgen. Sehr gleichmäßige Patinas erreicht man, wenn die Nähte vor dem Patinieren mit einem trockenen und dichten Baumwolltuch abgerieben werden. Im Tuch setzt sich ein schwarzer Belag ab, der vorher nicht sichtbar war. Je gründlicher dieser Belag entfernt wird, desto besser wird die Patina angenommen. Nach einer Einwirkzeit von 2 bis 3 Minuten wird die Chemikalie mit heißer Seifenlauge und viel Wasser gründlich abgewaschen und das Objekt getrocknet. Falls der Effekt noch nicht zufriedenstellend sein sollte, kann der Patiniervorgang nochmals wiederholt werden.

Wenn die Patina nur schlecht angenommen wird oder wenn dunkle Flecken auf den Nähten entstehen, liegt das in 95 % der Fälle am nicht ausreichend gereinigten Zinn. Die Chemikalie reagiert mit den Verunreinigungen und erzeugt die dunklen Stellen. Nur sehr selten ist die Chemikalie selbst für eine schlechte Patina verantwortlich. Doch wenn das Ergebnis auch nach einer mehrmaligen Reinigung nicht zufriedenstellend sein sollte, kann es an einer zu starken Konzentration liegen. Dann sollte die Chemikalie mit etwas Wasser verdünnt werden.

Außer den Lötzinnähten können auch eventuell verwendete Randeinfassungen aus Bleiprofilen patiniert werden. Die schwarze Patina färbt beide Materialien, für einen Bronzeton auf Blei wird allerdings eine spezielle Bleipatina benötigt.

Da die Chemikalien zum Patinieren zum Teil recht starke Säuren enthalten, sollte man nur mit Gummi- oder Plastikhandschuhen arbeiten. Die Oberflächen mancher Gläser werden durch die Patina angegriffen und bekommen dadurch einen ganz leicht irisierenden Farbstich. Bei solchen Gläsern empfiehlt es sich, das gesamte Objekt — einschließlich Glas — mit der Chemikalie einzustreichen. Der Farbstich fällt dann weniger auf als wenn nur die Nähte, und zwangsläufig auch die Ränder der Gläser, eingestrichen sind.

Polieren

Nach der letzten Reinigung mit heißer Seifenlauge sind die Lötnähte, und oft auch die Glasflächen der Objekte, stumpf und unansehnlich. Mit einem flüssigen Poliermittel für Edelmetalle können sie jedoch auf Hochglanz gebracht werden. Neben einem besseren optischen Gesamteindruck wird damit noch ein weiterer Effekt erzielt. Durch die Politur erhalten die Lötnähte einen dünnen Wachsüberzug und sind dadurch über einen längeren Zeitraum gegen weitere Oxidation (Anlaufen) geschützt.

Nähte und Glas werden zunächst mit dem Poliermittel abgerieben. Ein weiches Baumwolltuch ist hierfür am besten geeignet. Falls die Nähte patiniert sind, muß dabei vorsichtig vorgegangen werden, damit die oberflächliche Patina nicht wieder entfernt wird. Beim Abreiben setzt sich im Tuch meist ein schwarzer Belag ab; deshalb sollte es öfters gewendet werden. Nach einer Antrocknezeit von etwa 5 Minuten wird mit einem sehr weichen Tuch auf Hochglanz poliert. Dies funktioniert am besten mit schnellen Bewegungen und wenig Druck. Für unzugängliche Stellen kann auch eine Polierbürste verwendet werden. Mit der Polierbürste lassen sich auch Reste des Folienklebers an den Nähten beseitigen.

Lampen

Der Lampenbau ist ein klassisches Anwendungsgebiet der Kupferfolien-Technik. Tiffany entwickelte die Technik unter anderem, um damit Lampenschirme aus vielen kleinen Einzelteilen anfertigen zu können. Die kleinen Glasteile lassen sich ohne Schwierigkeiten zu runden Formen zusammensetzen und stören nicht deren geometrische Regelmäßigkeit. Ohne die Kupferfolientechnik hätten Lampen wie die berühmte „Wisteria" oder die „Cherry Tree" nicht entstehen können. Der Lampenbau war ein Bestandteil von Tiffanys großem Anliegen, einen künstlerischen Aspekt in die Wohn- und Lebensraumgestaltung einzubeziehen und ihn auch noch für eine breite Bevölkerungsschicht erschwinglich zu machen. So kostete beispielsweise die „Flowering Lotos" — eine Lampe mit 46 cm Durchmesser, 35 cm Höhe und über 1600 Einzelteilen — nur ca. 400 $ (Katalog der Tiffany-Studios, 1906); ein sehr günstiger Preis, wenn man bedenkt, daß die gleiche Lampe 1989 vom New Yorker Auktionshaus Christie's für rund 1,2 Millionen DM versteigert wurde. Der damalige Preis war lediglich durch eine Serienproduktion möglich. Im Jahre 1905 beschäftigte Tiffany in seinen Werkstätten etwa 200 Kunsthandwerker, die den Bau seiner Objekte durchführten. Die einzelnen Arbeitsabläufe waren zwar stark rationalisiert, dennoch blieb jeder Lampenschirm ein Einzelstück, ein durch gelungene Farbkomposition und qualitativ hochwertige Handwerkskunst angefertigtes Meisterstück.

Tiffany entwarf bei weitem nicht alle Objekte selbst. Neben seinen Kunsthandwerkern verpflichtete er auch die besten Entwerfer der damaligen Zeit für seine Firma. So wurde die berühmte „Dragonfly", die auf der Pariser Weltausstellung im Jahre 1900 den Grand Prix bekam, von Clara Driscoll entworfen.

Auch längst nicht alle Lampenschirme, die heute mit dem Begriff „Tiffany-Lampe" bezeichnet werden, entstammen Tiffanys Werkstätten. Die Lampen „Dogwood" und „Apple Blossom" stammen von dem Entwerfer Henry O. Schmidt (der zeitweilig auch für Tiffany arbeitete) und wurden von der Firma Handel hergestellt. Philip Handel produzierte auch das sogenannte „chipping glass", das in noch warmem Zustand mit einem Sandstrahlgebläse bearbeitet wurde und dadurch einen eisartigen Charakter erhielt.

Weitere bekannte Hersteller von Glaslampenschirmen waren die Firmen Quezal Art Glass & Decorating Company, Crest & Co. und Edward Miller & Company. Sie alle profitierten mehr oder weniger von dem großen Erfolg, den Tiffany mit seinen Lampen auf der Pariser Weltausstellung errungen hatte. Seine Objekte waren plötzlich sehr gefragt und lösten einen regelrechten Boom aus.

In Tiffanys Werkstätten wurden jedoch nicht nur die Schirme, sondern auch die Mehrzahl der dazu passenden Lampenfüße und Installationsmaterialien (Lampenkappen, Endknöpfe usw.) entworfen und hergestellt. Auch hierbei erwies sich Tiffany als ein Künstler mit Liebe zum Detail. Zum Teil wiederholen sich die Muster des Schirms im Fuß oder der Fuß ergänzt die Darstellung des Schirmes. Deshalb müssen seine Lampen immer als Ganzes betrachtet werden; Schirm und Fuß bilden eine Einheit.

Der Nachbau von originalen Tiffany-Lampen ist heute zu einem beliebten und anspruchsvollen Hobby geworden. Viele der Originalentwürfe können als Lampenbausätze mit Schnittmuster und Montageform käuflich erworben werden.

Lampen aus Segmenten

Lampenschirme können grundsätzlich in zwei verschiedenen Arten hergestellt werden: als Segmentlampen und als Formenlampen. Unter Formenlampen versteht man Schirme, bei denen die einzelnen Glasteile auf einer kompletten Form montiert und zusammengelötet werden. Bei Segmentlampen werden zunächst einzelne Segmente verlötet und dann zur jeweiligen Form zusammengestellt. Die Segmente sind bei kegelförmigen Lampen flach und benötigen daher keine Montageform, bei halbkugelförmigen Schirmen müssen sie auf gewölbten Formsegmenten verlötet werden.

Lampenschirm „Wein", Creativ-Bausatz Ausf.: Artisant, Würzburg

Lampen aus Segmenten

Lampen

Flache Segmente

Bei Lampen aus flachen Segmenten müssen die einzelnen Segmente völlig achsensymmetrisch sein, d.h. die Winkel „A" und „B" müssen die gleiche Größe haben. Ist dies der Fall, so sind auch die beiden Außenseiten gleich lang, und die Lampe bekommt eine regelmäßige Form. Falls nicht sorgfältig gearbeitet wird, kann es geschehen, daß die Segmente später nur mit sehr großen Zwischenräumen und ungleichmäßig breiten Nähten zusammengelötet werden können.

← Eingeritzte Mittelsenkrechte

"A"   "B"

Überaus zweckmäßig ist die Konstruktion der Schablone mit Hilfe der Mittelsenkrechten. Die äußeren Abmessungen werden markiert, indem man von einer mit dem Konturen- oder Teppichmesser eingeritzten Linie ausgeht. Durch Zusammenklappen der beiden Hälften kann leicht überprüft werden, ob die Schablone stimmt. Die Außenkanten der Schablonenhälften müssen haargenau übereinander liegen.

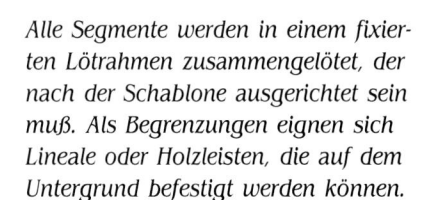

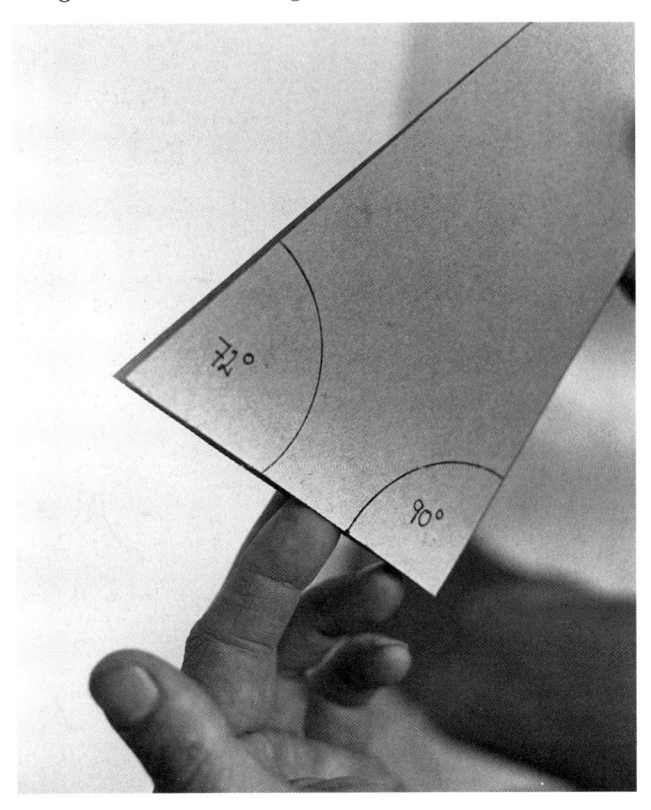

Alle Segmente werden in einem fixierten Lötrahmen zusammengelötet, der nach der Schablone ausgerichtet sein muß. Als Begrenzungen eignen sich Lineale oder Holzleisten, die auf dem Untergrund befestigt werden können.

Lampen aus Segmenten

Im ARTISANT-Glasstudio werden die Segmente mit einer eigens entwickelten Löthilfe zusammengelötet. Alle Segmente liegen in einem starken Drahtring, der an vier Punkten mit Schraubgewinden in der Höhe verstellbar ist. Als Abstandhalter in der Mitte dient eine Lampenkappe, deren Durchmesser der späteren oberen Lampenöffnung entspricht. Die Höhe des Drahtrings wird gleichmäßig verstellt bis die Segmente mit ihren Außenseiten parallel aneinander liegen.

Wenn die Segmente genau ausgerichtet sind, werden sie durch Punktlöten fixiert. Danach können die inneren Verbindungsnähte grob gelötet werden.

Anschließend muß man den Lampenschirm vorsichtig aus der Löthilfe nehmen und umdrehen, damit die äußeren Verbindungsnähte grob verlötet werden können. Nun wird auch die bereits verzinnte äußere Lampenkappe aufgesetzt und angelötet. Sie muß nach allen Seiten waagerecht und genau im Mittelpunkt liegen; sonst hängt die Lampe später schief.

Lampen

Die Lampenkappe wird am besten vor dem Aufsetzten verzinnt. Sie wird zunächst mit weicher Stahlwolle gereinigt und gut mit Flußmittel eingestrichen. Um einen gleichmäßigen Überzug zu erhalten, wird viel Hitze benötigt. Die Lötspitze sollte daher möglichst großflächig aufgesetzt werden. Wenige Tropfen Lötzinn genügen, um die Kappe zu verzinnen. Weil sie dabei sehr heiß werden kann, sollte sie mit einer Zange gehalten werden und auf einer robusten Unterlage liegen.

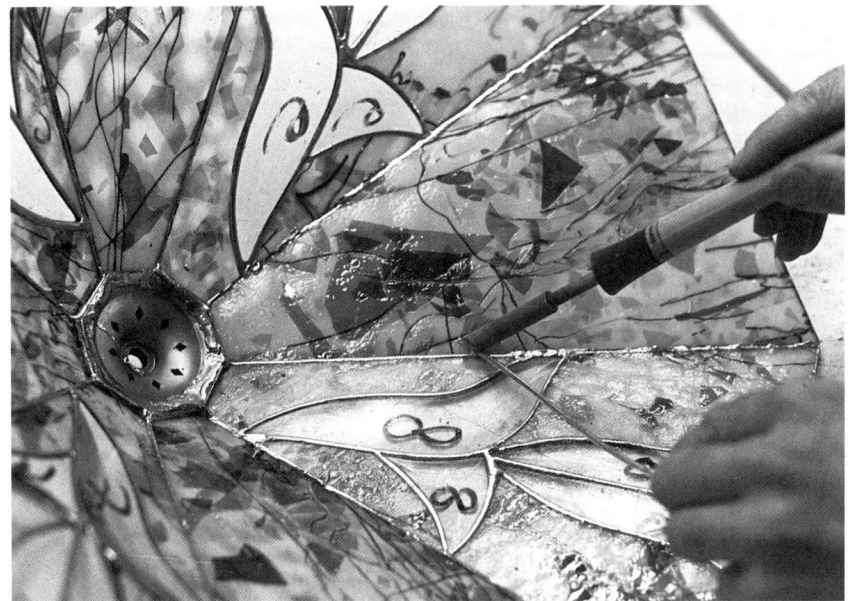

Die inneren Nähte werden zuerst feingelötet. Sie müssen dabei waagerecht liegen. Die innere zweite Lampenkappe dient der besseren Stabilität. Ein runder Lampenring ist in diesem Fall nicht angebracht. Er würde nicht dicht genug an den Nähten liegen. Üblicherweise verwendet man in solchen Fällen eine etwas kleinere Kappe. Doch nicht alle Kappenformen gibt es in unterschiedlichen Größen. Bei der abgebildeten Kappe sind die Ränder so weit umgebogen, daß sie durch die äußere Kappe verdeckt werden.

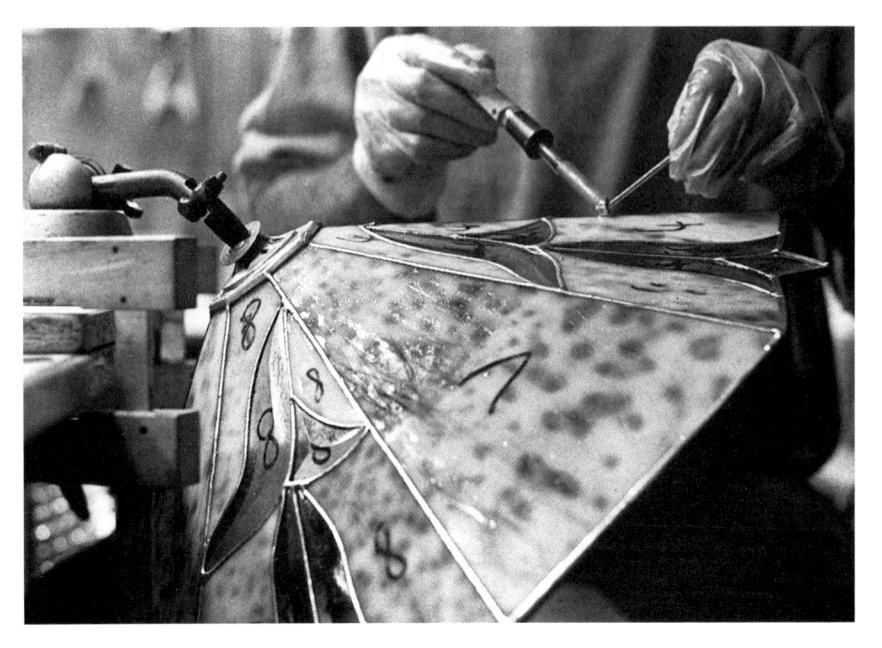

Auch die äußeren Nähte müssen beim Feinlöten waagerecht liegen. Hilfreich ist dabei eine Halterung mit einem Kugelkopf, die in alle Richtungen verstellt und auf dem Arbeitstisch befestigt werden kann. Bei großen und schweren Lampen sollte man jedoch darauf verzichten und einen entsprechend großen Karton oder eine Kiste als Auflage verwenden.

Lampen aus Segmenten

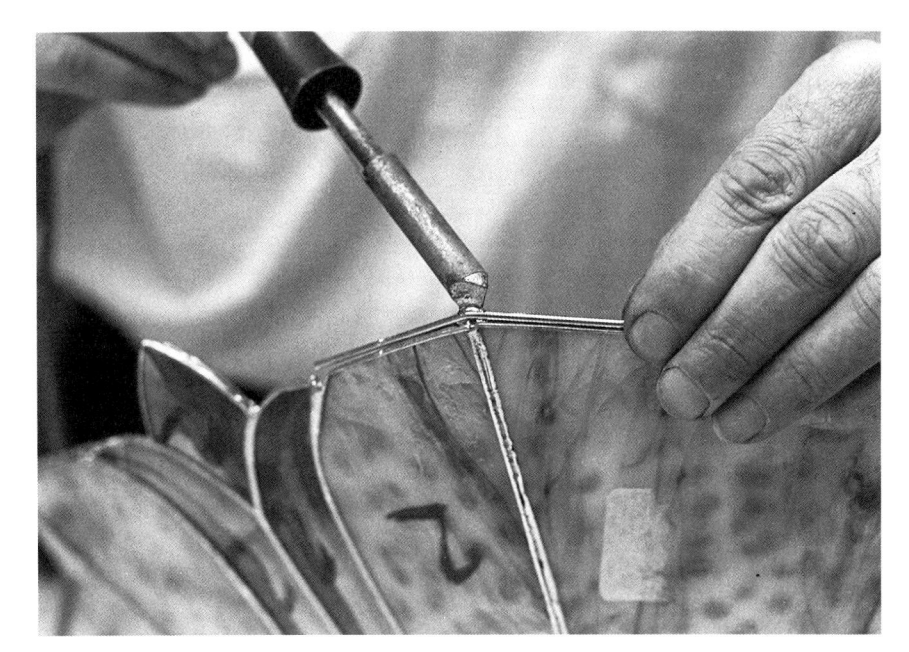

Lampenschirme aus flachen, großen Segmenten müssen in der Regel verstärkt werden. Sicherheitshalber wird ein starker Draht an den Segmentverbindungen des unteren Lampenrandes befestigt. Diese Verstärkung kann später mit einem Profil verdeckt werden.

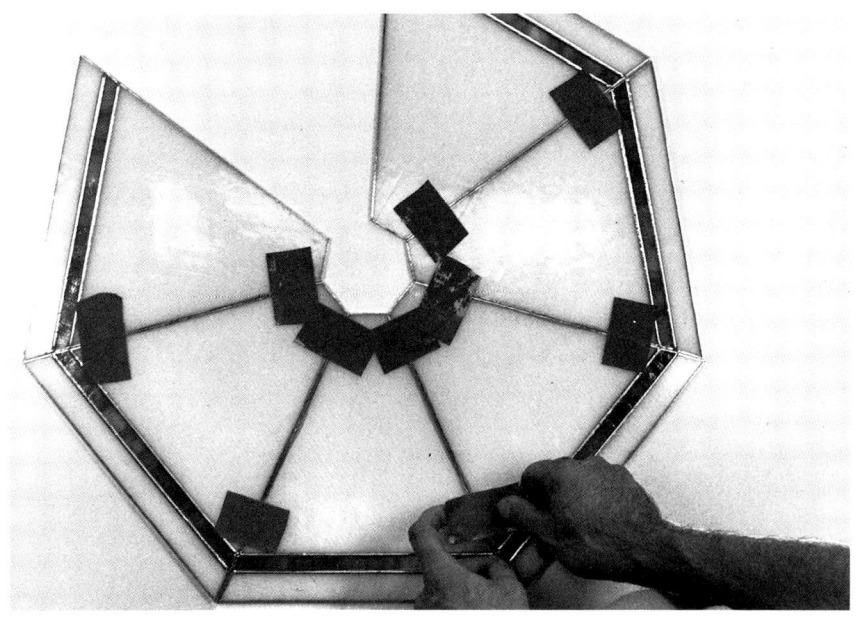

Auch ohne Löthilfe lassen sich die Segmente zur endgültigen Form zusammenstellen. Dazu werden sie mit der späteren Außenseite nach unten auf eine ebene Unterlage gelegt und mit einem gut klebenden Textil-Klebeband untereinander verbunden. Statt zwei Klebestellen jeweils unten und oben kann auch die gesamte Naht verbunden werden. Damit das Band gut haftet, müssen die Segmente sauber sein.

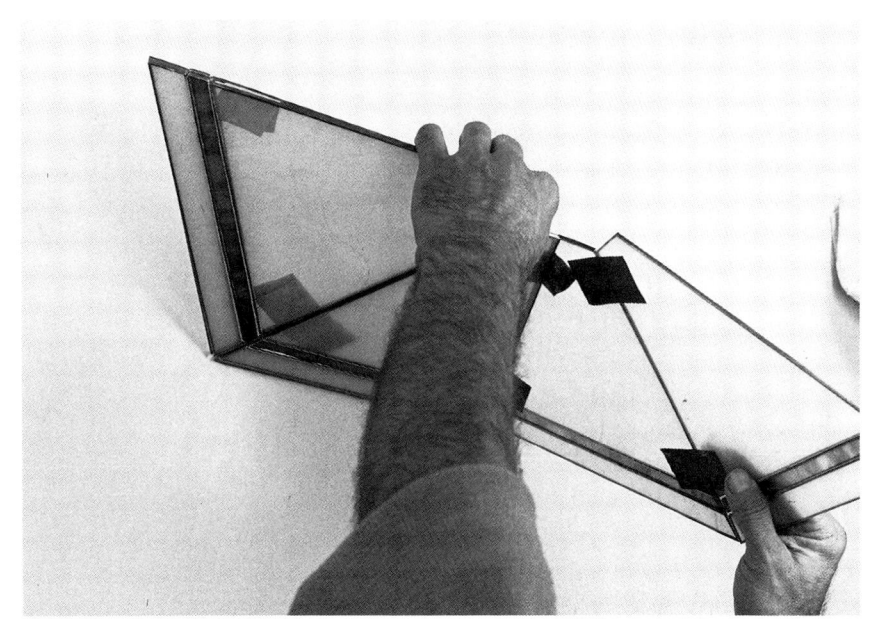

Anschließend werden die verbundenen Segmente umgedreht. Wenn sie gut verklebt sind, bereitet dies keine großen Schwierigkeiten. Die beiden äußeren Teile können zu diesem Zweck eingeklappt werden.

Lampen

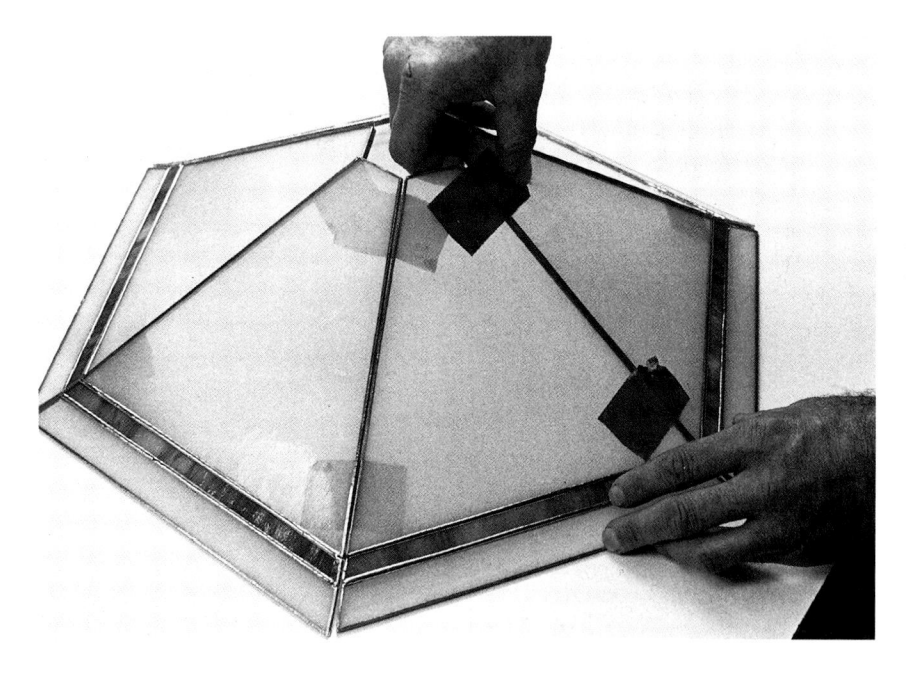

Wenn die Segmente mit ihrer Außenseite nach oben liegen, kann man sie aufrichten, indem man in die obere Lampenöffnung greift und sie nach oben zieht. Mit zwei vorbereiteten Klebestreifen wird die verbleibende Naht fixiert, und der Lampenschirm steht frei und kann nach einer eventuellen letzten Korrektur punktgelötet werden.

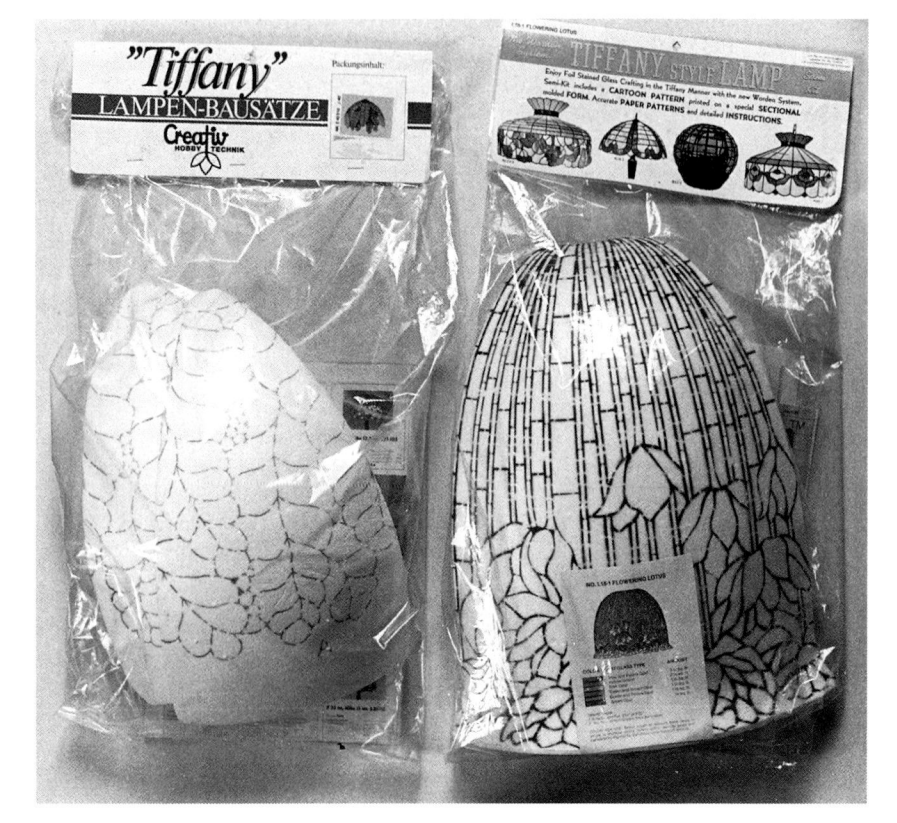

Formsegmente

Bausätze für Lampen aus Formsegmenten enthalten in der Regel eine Styroporform mit aufgezeichnetem Muster (bei Mustern, die sich über zwei Segmente erstrecken, enthalten sie zwei Formen) und einen Schablonenkarton, aus dem die Schablonen ausgeschnitten und auf der Form angepaßt werden müssen.

Lampen aus Segmenten

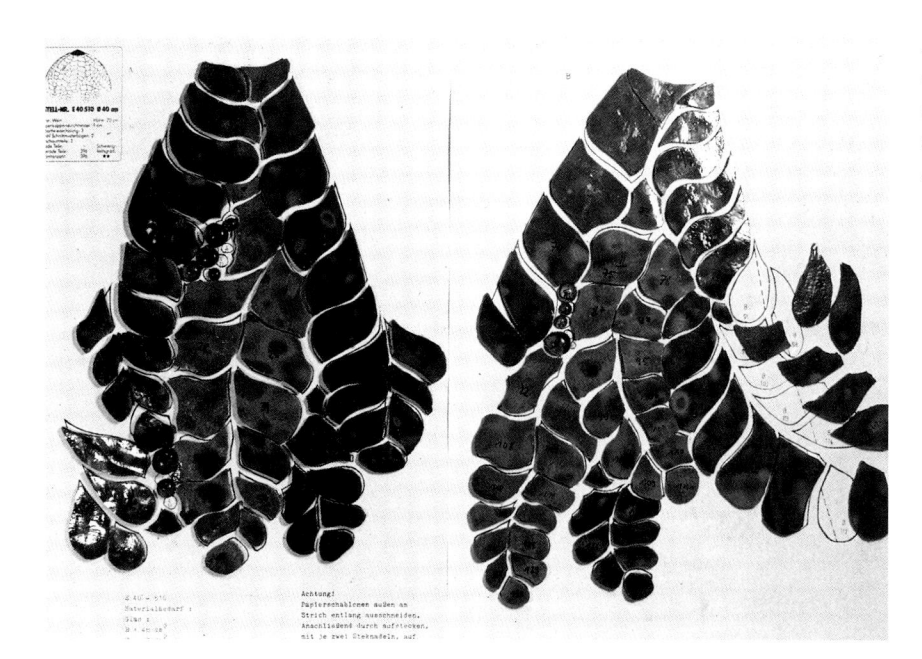

Auf der Vorlage werden die ausgeschnittenen Glasteile nach Farben zusammengestellt. So läßt sich die spätere Farbwirkung schon im voraus beurteilen.

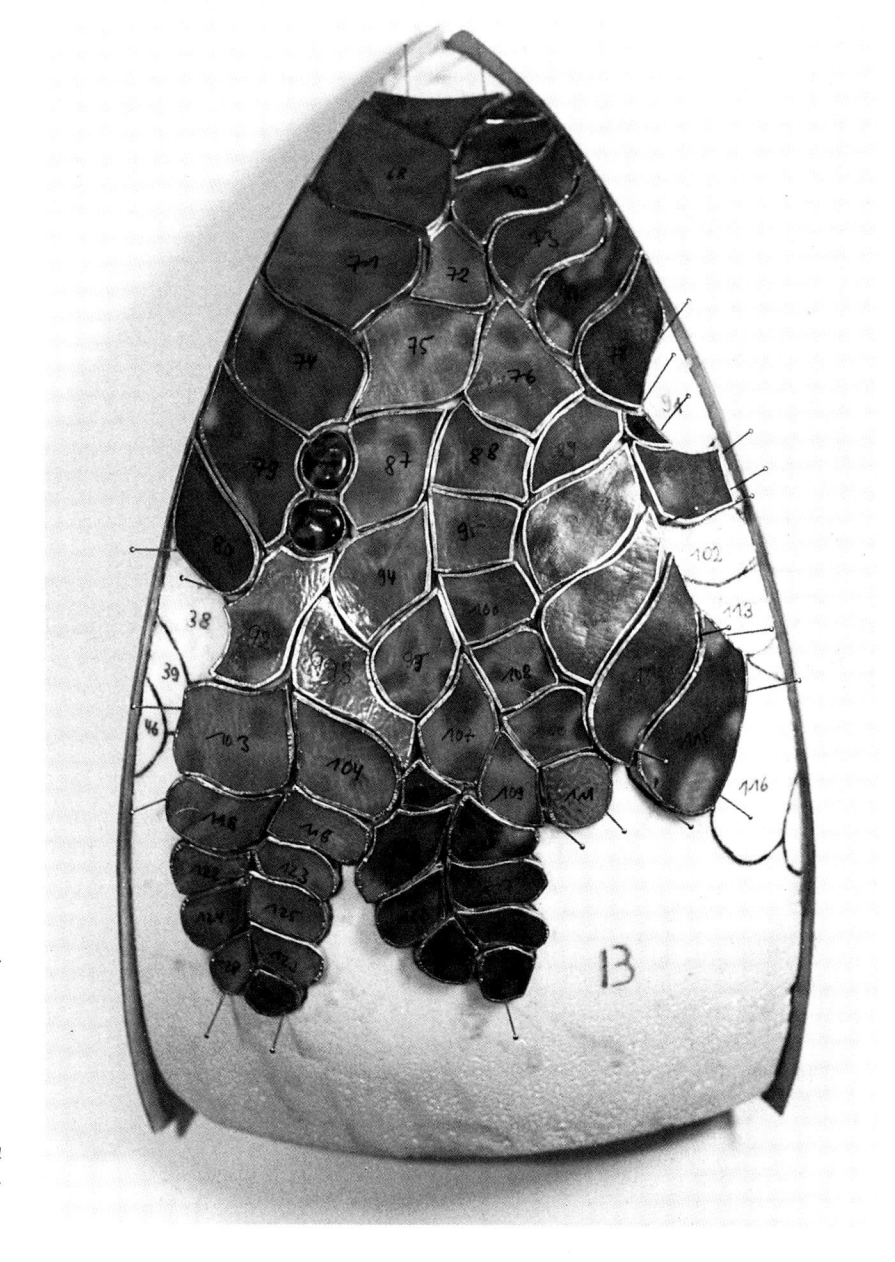

Nachdem die Teile in Folie eingefaßt sind, werden sie auf der Form genau ausgerichtet und mit Haftwachs oder Stecknadeln fixiert. Besonders wichtig sind die seitlichen Begrenzungen. Sie müssen bei allen sechs Segmenten gleich sein, damit sie später ohne große Zwischenräume zur Halbkugelform zusammengesetzt werden können. Die noch fehlenden Glasteile in der Abbildung sind zum Teil übergreifend, d. h. sie liegen auf der Verbindungslinie zwischen zwei Segmenten und werden erst zum Schluß in den bereits zusammengesetzten Schirm eingefügt.

57

Lampen

Mit drei bis vier Lötpunkten werden zunächst aus den Einzelsegmenten Doppelsegmente gebildet. Die Verbindungsstellen sollten an nach außen führenden Nähten liegen.

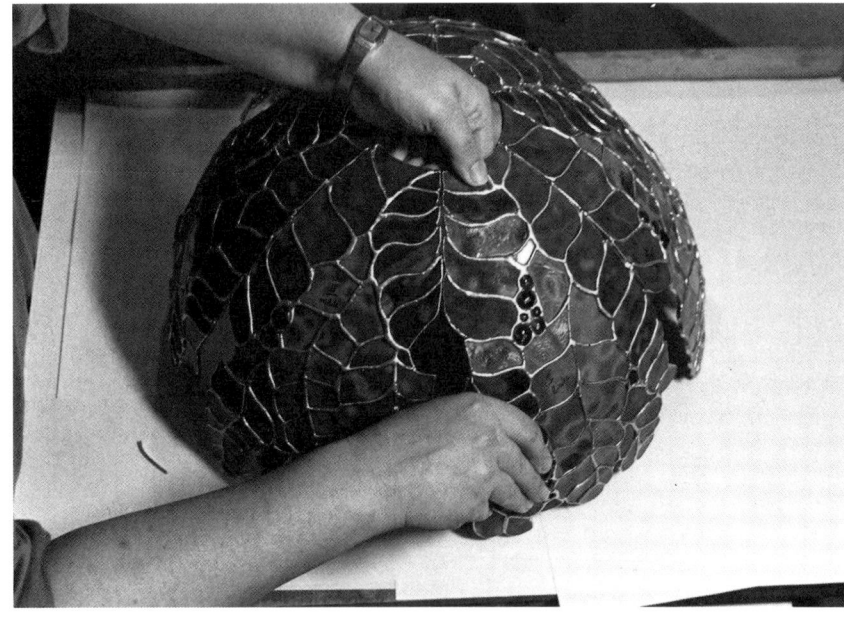

Die Doppelsegmente werden anschließend zur kompletten Form zusammengestellt. Falls die Segmente nicht gut genug zusammenpassen, können sie auch, bis zu einem gewissen Maß, vorsichtig zusammen- oder auseinandergedrückt werden.

Replikatschirm „Woodbine", Odyssey-System
Ausf.: Artisant, Würzburg

Lampen aus Segmenten

Lampen

Lampen aus Segmenten

Lampenschirm "Conquistadore",
Artisant 1987
6-Segmentschirm mit 45 cm Durchmesser und eingesetzten Spiegelstücken.

Replikatschirm "Waterlily",
Odyssey-System
Ausf.: Artisant, Würzburg

Lampen

Fächerleuchte
Entw. u. Ausf.: Jürgen Paul,
Rheinfelden

Wandleuchte aus Bullseye Gläsern
Artisant 1994

Lampen aus Segmenten

*Lampenschirm „Bevelina", Artisant 1988
9-Segment Lampe aus Bevels,
Bullseye-Fractures und Bullseye-
Streamers mit Replikatfuß „Squash",
Durchmesser 55 cm.*

Lampen über Komplettformen

Die Methode, nach der in Tiffanys Werkstätten Lampenschirme gebaut wurden, ist die Montage über kompletten Formen. Auf diese Weise hergestellte Lampenschirme besitzen auch bei Anfängern eine harmonische Form, weil das mitunter schwierige Zusammensetzen von ungleichmäßig gearbeiteten Segmenten entfällt. Zudem hat man immer den gesamten Schirm vor Augen und kann deshalb die Farbzusammenstellung besser kontrollieren. Sogenannte „Patchwork-Lampen", die sich ohne Schablonen herstellen lassen und kein Schnittmuster benötigen, aber auch Replikat-Lampen mit Schnittmuster können auf Komplettformen gebaut werden.

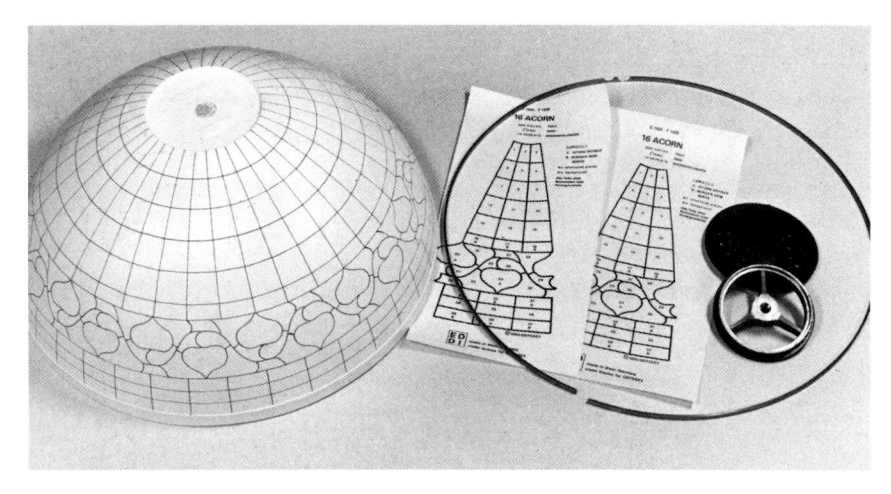

Das „Odyssey" Lampenbau-Programm wurde von dem amerikanischen Tiffany-Experten Paul Crist entwickelt und besticht durch seine Detailtreue und sein sinnvolles Zubehör. Diese Formen sind ein genaues Abbild bzw. eine gelungene Übertragung der Original-Tiffany-Lampen. Neben den nachgebildeten Kappen und Installationsmaterialien aus schwerem Messing gibt es auch für jede Lampenform einen passenden unteren Lampenabschlußring, der dem Schirm optimale Stabilität verleiht. Das Zubehör läßt sich allerdings oft nicht bei Bausätzen anderer Hersteller verwenden. Die Formen bestehen aus stabilem und robustem Material und sind immer wieder zu verwenden.

Eine der bekanntesten Tiffany-Lampen ist die „Nautilus". Seit einiger Zeit gibt es eine Vollform mit Schnittmuster für den Nachbau in der Originalgröße. Die Lampe auf Seite 68 wurde über dieser Form gearbeitet. Der Nachbau dieser Lampe ist nicht leicht und setzt schon einige Erfahrung voraus. Vor allem die Installation des Schirmes auf den passenden Lampenfuß bereitet oft einige Anpaßprobleme.

Eine kleine Version der „Nautilus" kann in zwei Halbschalen aus Styropor nachgebaut werden. Die Schalen und das dazugehörende Schnittmuster werden zusammen mit einem entsprechend kleinen Lampenfuß geliefert. Der Bausatz der kleinen Nautilus ist allerdings recht ungenau und oft gibt es große Probleme beim Zusammenfügen der fertiggestellten Hälften.

Lampen über Komplettformen

Bei der sogenannten Patchwork-Technik können die Glasstücke ohne Schablone hergestellt und wahlweise in der Form oder auf der Form zusammengefügt werden.

Auch ohne Schablone lassen sich sehr interessante Muster erzielen. Man kann zum Beispiel oval zugeschnittene Teile in verschiedenen Größen so anordnen, daß Strömungs- oder Fließmuster entstehen, oder unterschiedliche Dreiecksformen zu einem bizarren Lampenschirm zusammenstellen.

Die bei der Patchwork-Technik zwangsläufig entstehenden Zwischenräume müssen nicht unbedingt alle mit Lötzinn ausgefüllt werden. Im beleuchteten Schirm wirken sie oft sehr gut als strahlende Lichtpunkte. Die Kupferfolie sollte jedoch auch in den offenen Zwischenräumen verzinnt sein.

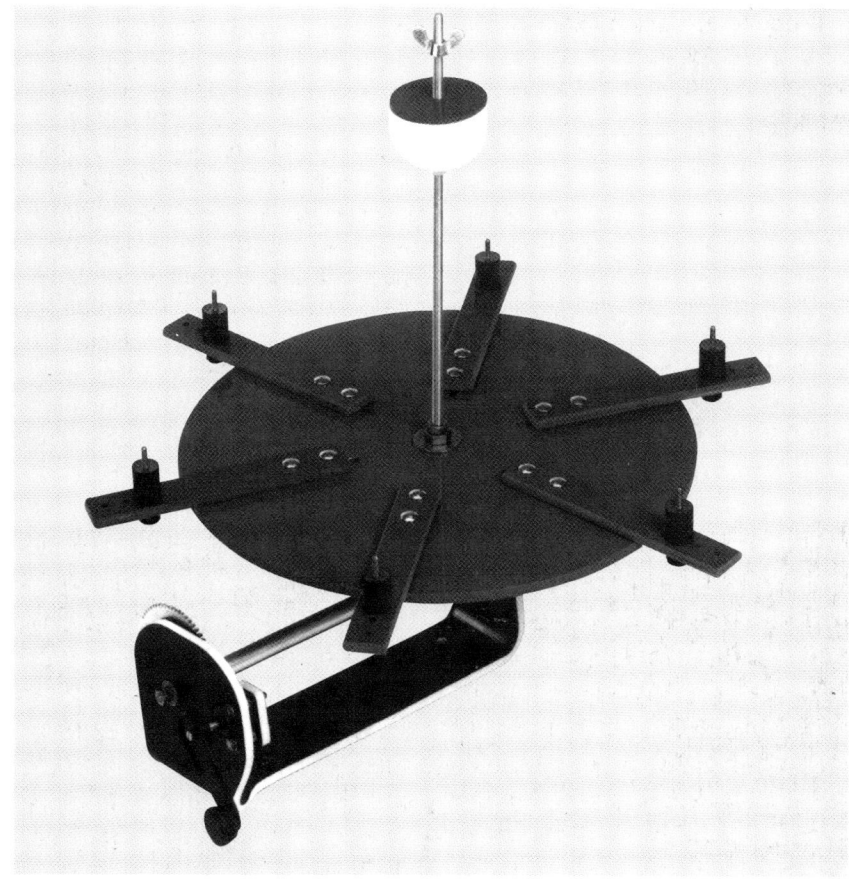

Dieser professionelle Lampenlötständer ist in alle Richtungen verstellbar und kann somit jede Lötstelle, ob im Lampeninneren oder auf der Lampenaußenseite, in die Waagerechte bringen. Er ist sowohl für Komplettschirme als auch für Segmente geeignet. Mit einer Zusatzeinrichtung eignet er sich auch für die Montage von Segmentlampen. Bei einigen Tiffany-Läden oder Glasstudios kann man dieses Gerät gegen eine geringe Gebühr ausleihen.

Lampen

66

Lampen über Komplettformen

Replikatlampe „Acorn", Nachbau mit dem Odyssey-Lampenbausatz, Uroboros-Opalescentglas „Ring Mottled" Farbnummer 00-33 und Replikatfuß mit Glasmosaik. Ausf.: Peter Nitznik, Berlin

Patchwork-Schirm „Patchup", Artisant 1986 Durchmesser 42 cm. Der Schirm wurde aus einer Tafel Uroboros-Opalescentglas mit der Farbnummer 65-95 auf einem Whittemore-Durgin Kegel hergestellt.

Lampen

Lampen über Komplettformen

Replikatlampe „Nautilus", Tiffany-
Studios 1899-1902
Nachbau in Originalgröße aus Oceana-
Opalescentglas 602 mit massivem
Bronzefuß. Ausf.: Artisant, Würzburg

Patchwork-Schirm „Kalter Hauch",
Artisant 1984
Durchmesser 50 cm, Fischer Überfangglas. Dieser extrem flache Schirm wurde
über einer alten Lampenschale
zusammengefügt. Die Abbildung zeigt
die Version für die Wandmontage.

Lampen

Lampenzubehör

Lampenkappen als oberer Lampenabschluß dienen der Stabilität und sehen auch gut aus. Sie sind in vielen unterschiedlichen Ausführungen und Größen zu erhalten. Ihr Durchmesser sollte im Normalfall etwa 0,5 bis 1 cm größer sein als die obere Schirmöffnung.

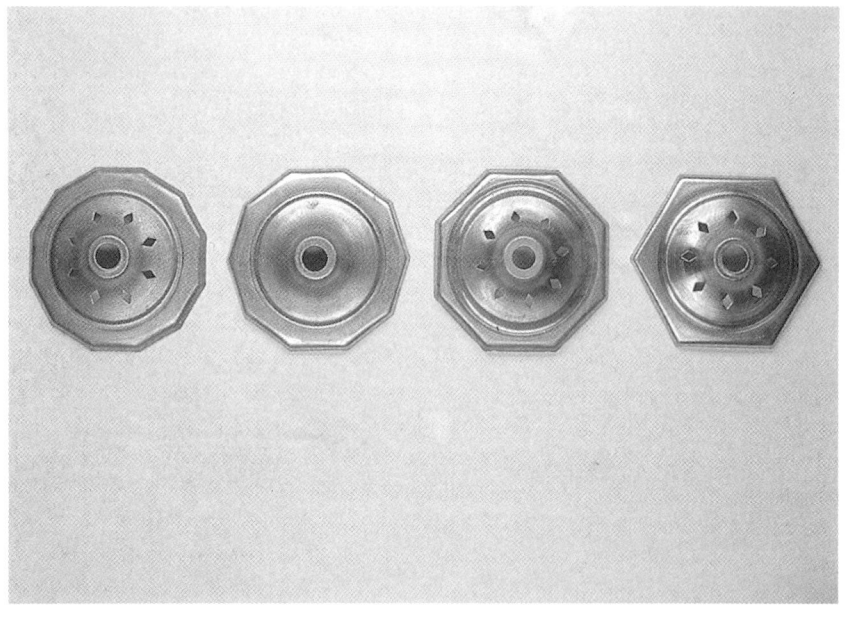

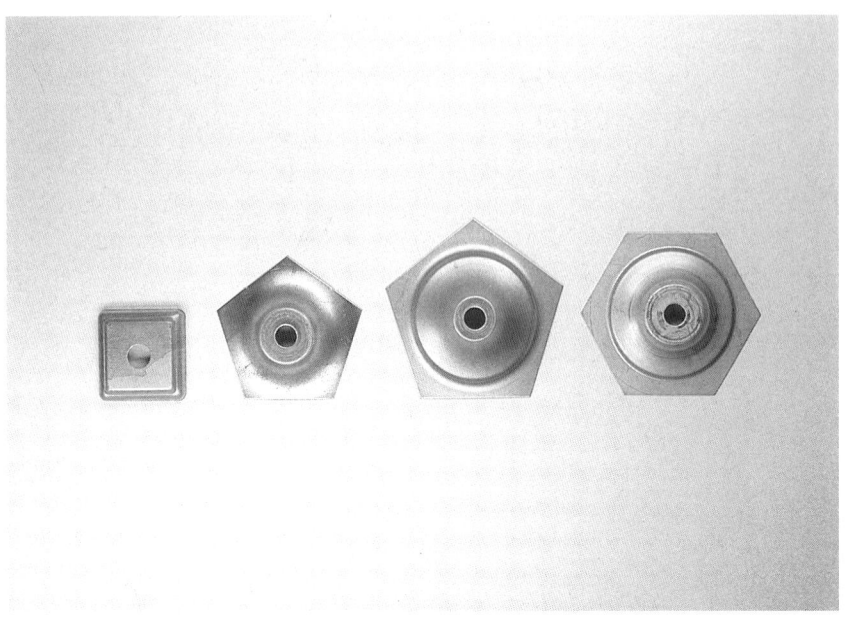

Auch für Lampen aus flachen Segmenten gibt es verschiedene Kappen. Beim Konstruieren des Schirmes muß allerdings darauf geachtet werden, daß die oberen Enden der Segmente nicht breiter sind als die einzelnen Abschnitte der Kappe. Das genaue Maß wird bei Kappen mit abgewinkeltem Rand an der Innenseite gemessen.

Lampenzubehör

Kappen aus Bronze werden im Gegensatz zu einfachen Kappen nicht am Schirm angelötet, sondern nur aufgelegt und mit einem Endknopf befestigt. Sie eignen sich besonders für hochwertige Replikatlampen. Für die nötige Stabilität des Schirms sorgt in dem Fall ein innen angelöteter massiver Messing-Lampenring.

Lampenträger mit drei oder vier Speichen verwendet man bei Lampenschirmen, die oben offen sein sollen. Die Speichen können gekürzt und innen an tragende Nähte gelötet werden.

Statt der zweiten inneren Lampenkappe kann bei runden Lampenöffnungen auch ein Lampenring eingelötet werden. Besonders stabil ist der rechts abgebildete Ringeinsatz aus massivem Messing.

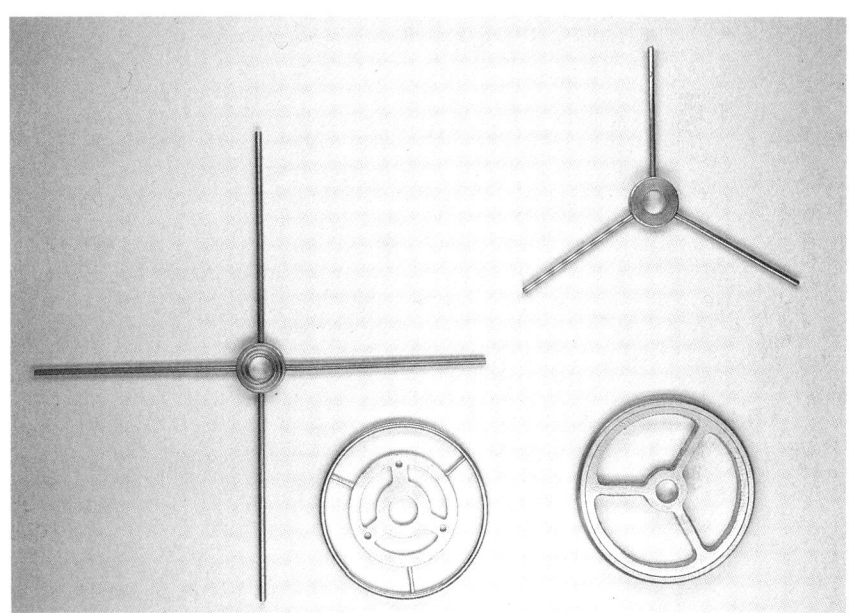

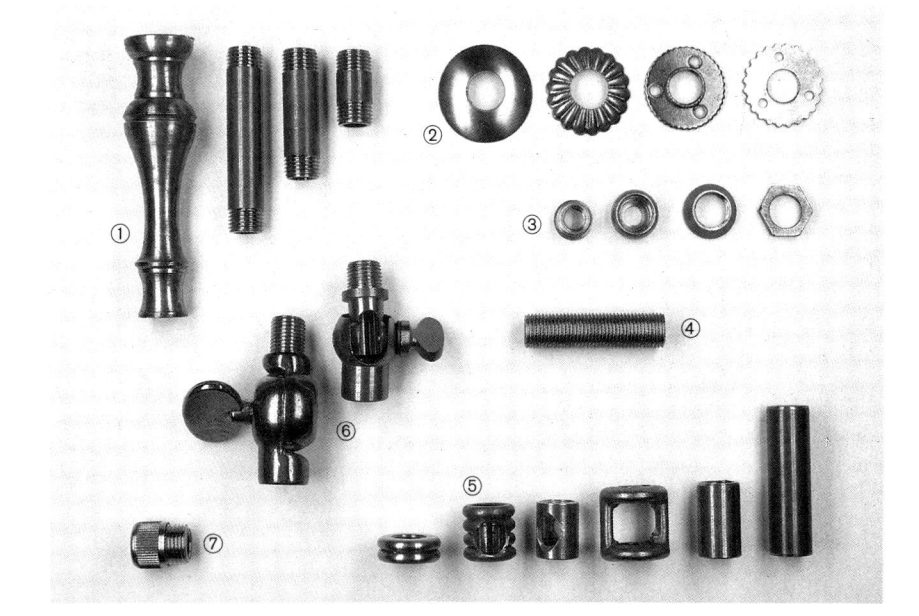

Messing-Kleinteile für die allgemeine und spezielle Lampeninstallation:
① *Distanzgewinderöhrchen*
② *Mini-Lampenkappen, Scheiben mit Gewinde*
③ *Muttern*
④ *Einfach-Gewinderohr*
⑤ *Gewinderohr-Verbinder, Muffen mit Kabelauslaß*
⑥ *Gelenke*
⑦ *Zugentlastung zum Fixieren des Anschlußkabels*

Lampen

Bei einfachen und nicht zu schweren Tischlampen genügt als Schirmträger eine Lampenharfe. Sie sollte in der Höhe immer so bemessen sein, daß sie vom Lampenschirm vollständig verdeckt wird. Die Befestigung der Harfe erfolgt mit einem Stück Gewinderohr, das oben in den Lampenfuß eingeschraubt ist, und einer Mutter. Das Röhrchen muß so lang sein, daß auch die Fassung noch darauf installiert werden kann.

Auch bei Fassungen gibt es eine große Auswahl: messingfarbene oder brünierte Fassungen in kleiner (E 14, max. 60 W) oder großer Ausführung (E 27, 25 bis 150 W), mit oder ohne Zugschalter, Kunststoff-Fassungen etc. mit den dazu passenden Kaschierhülsen in Messing, brüniert oder Chrom.

Bei kleinen Lampenschirmen bis etwa 40 cm Durchmesser genügt meist eine Fassung für eine zufriedenstellende Ausleuchtung. Bei größeren Schirmen ist eine doppelte oder eine Dreifach-Fassung zu empfehlen. In diesem Zusammenhang sei darauf hingewiesen, daß bei der Bestückung der Fassungen auf die Hitzeentwicklung der Glühbirnen geachtet werden muß.
Eine 100 Watt Glühbirne ist für einen 40 cm Schirm unter Umständen zu stark, d.h. sie kann die Installation und den Lampenschirm so sehr aufheizen, daß eventuell Schäden auftreten können. Eine durchbrochene Lampenkappe kann zwar diese Gefahr etwas reduzieren, im Zweifelsfall muß jedoch ein Elektriker befragt werden.

Für Tiffany-Lampenschirme sind übrigens klare Glühbirnen besonders gut geeignet. Ihr relativ hartes Licht erzeugt in den Gläsern wesentlich mehr Leben als das diffuse Licht von Opal-Glühbirnen.

Lampenzubehör

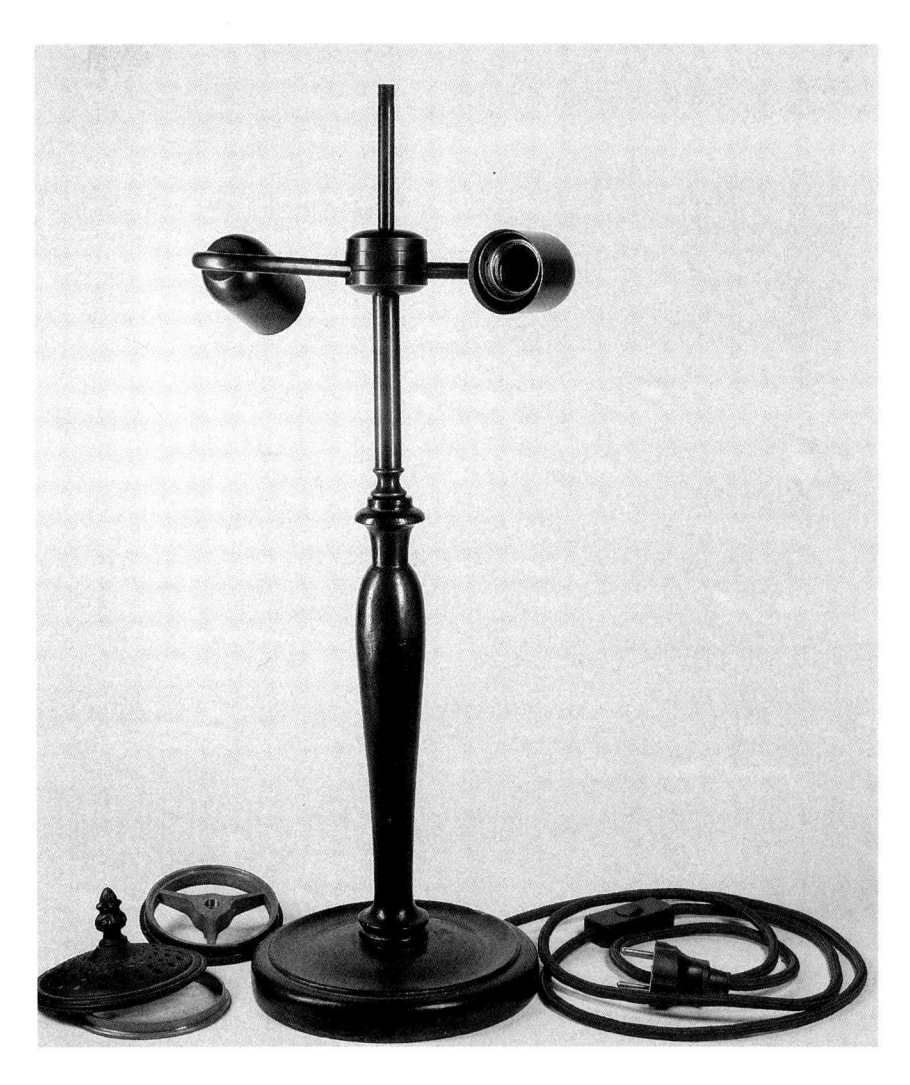

Bei größeren und aufwendigeren Lampenschirmen sollte man keine Harfe, sondern einen Antik-Lampenträger verwenden. Diese Träger sind zum einen sehr stabil, und zum anderen sehen sie sehr gut aus. Sie bestehen aus einem unteren Rohr, einer Verteilerdose mit Verteilerärmchen und einem oberen Rohr. Wie die Lampenharfen werden sie mit einem Gewinderöhrchen auf dem Lampenfuß befestigt. In der Verteilerdose wird das elektrische Kabel verzweigt und durch die Verteilerärmchen in die Fassungen geführt, die in der Abbildung mit passenden Kaschierhülsen versehen sind. Auf das obere Rohr wird der links hinten liegende Speichenring aufgeschraubt. Der dazu passende Ringeinsatz (in der Abbildung unter der Kappe liegend) muß in die obere Schirmöffnung eingelötet werden. Mit Hilfe der lose aufgesetzten Bronzekappe und einem Endknopf kann der Schirm dann auf dem Speichenträger fixiert werden. Bei der abgebildeten Installation mit dem Lampenfuß „1900" aus gegossener Glockenbronze wurde ein Anschlußkabel mit Textilummantelung verwendet. Diese Kabel passen sehr gut zu Replikaten oder anderen aufwendigen Lampen.

Endknöpfe (bei Tischlampen) und Ringnippel (bei Pendellampen zum Aufhängen an eine Kette) bilden den oberen Abschluß eines Lampenschirmes. Die Abbildungen zeigen nur eine kleine Auswahl an verschiedenen Formen und Größen.

Lampen

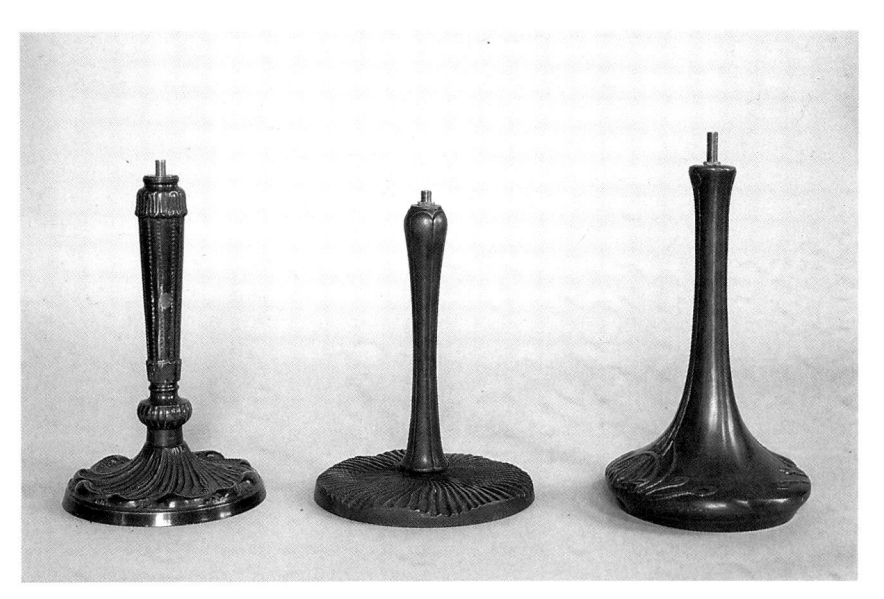

Lampenfüße

Preiswerte Lampenfüße aus Alu-Spritzguß oder Eisen sind in sehr vielen verschiedenen Ausführungen und in unterschiedlichen Größen erhältlich.

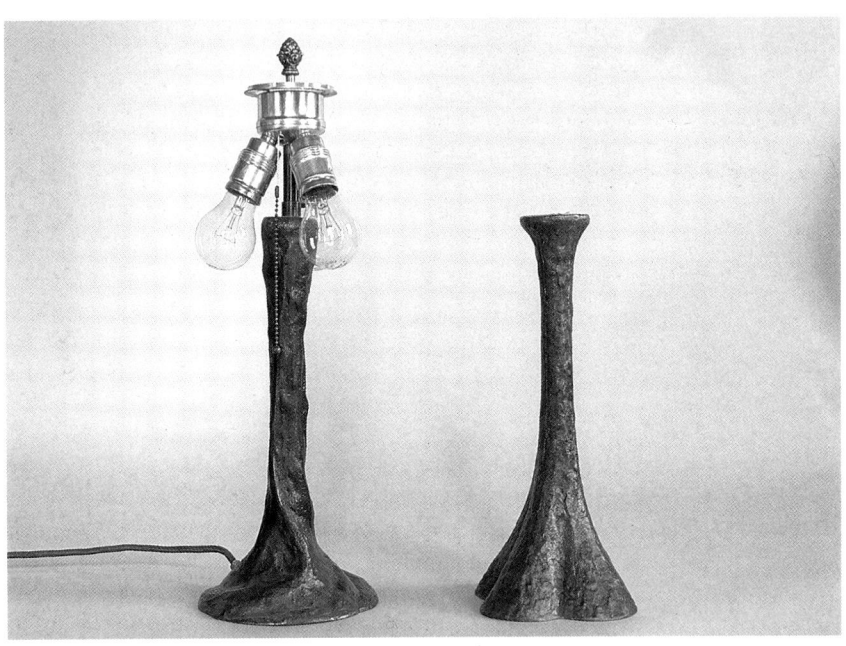

Neben den vielen Lampenfüßen nach alten Vorlagen gibt es nur wenige gelungene Neuentwicklungen. Dazu gehören zum Beispiel die abgebildeten Füße aus schwerer Glockenbronze. Links der Fuß „Gallé" (37 cm, 4,5 kg), rechts der Fuß „Kleeblatt" (37 cm, 5,2 kg).

Für aufwendige Lampenschirme nach Tiffany-Entwürfen sollten auch die dazugehörigen Lampenfüße verwendet werden. Sie sind als Replikate aus brüniertem Messing oder aus leichter Bronze zu erhalten. Die Abbildung zeigt von links nach rechts: „Cherry Tree" (48 cm), „Dragonfly" (48 cm), „Lotus" (54 cm)

Lampenzubehör

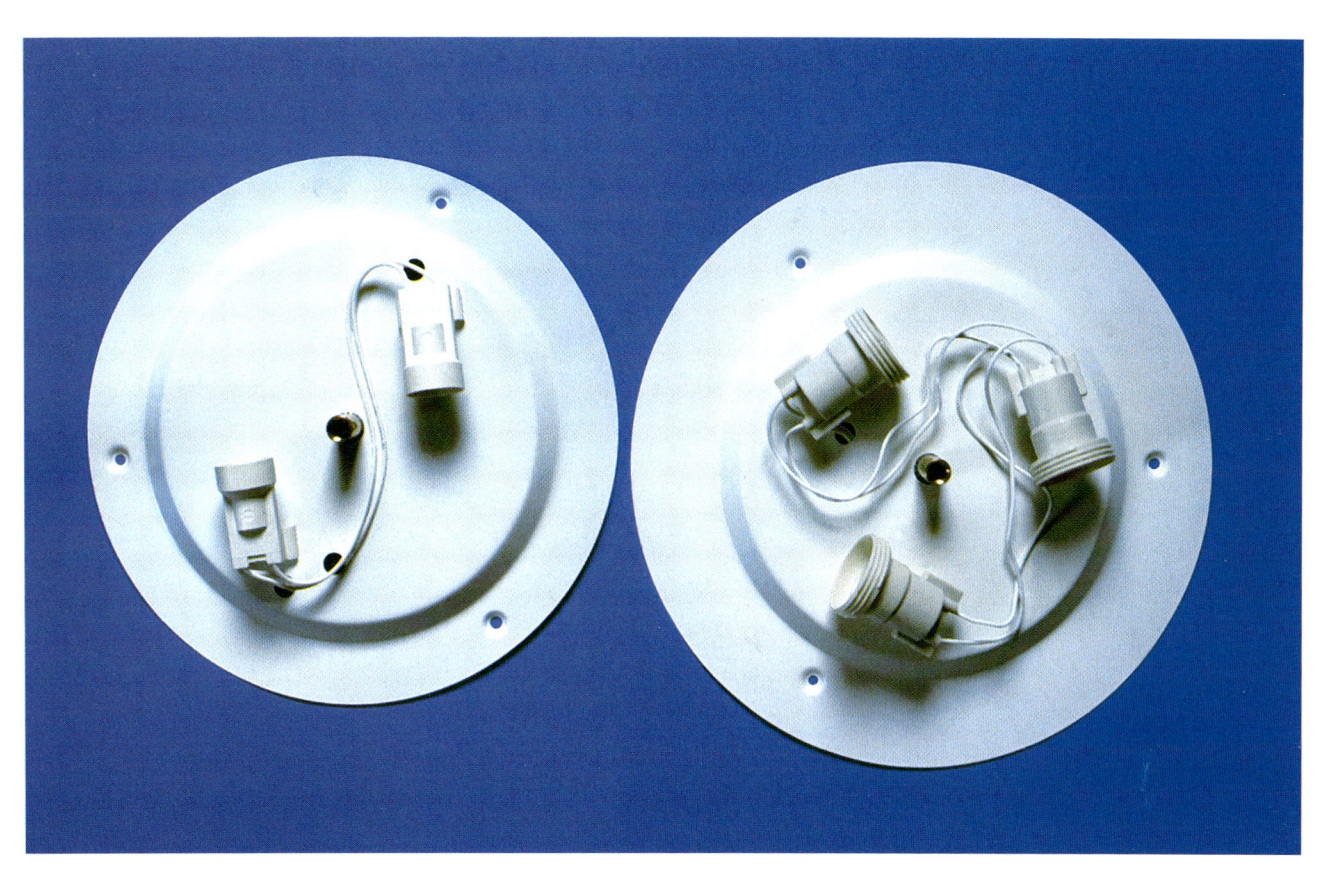

Lampenschirme, die als Tisch- oder Pendelleuchten verwendet werden, eignen sich in Verbindung mit den abgebildeten Haltern auch zur Deckenmontage. Die Abbildung zeigt einen 2-fach Halter mit E14-Fassungen und einen 3-fach Halter mit E27-Fassungen.

Die Abbildung zeigt Wandhalter für Wandleuchten. Für die Montage muß auf der Rückseite der Wandleuchte eine ca. 6 mm breite Metallschiene (Windeisen) festgelötet sein.

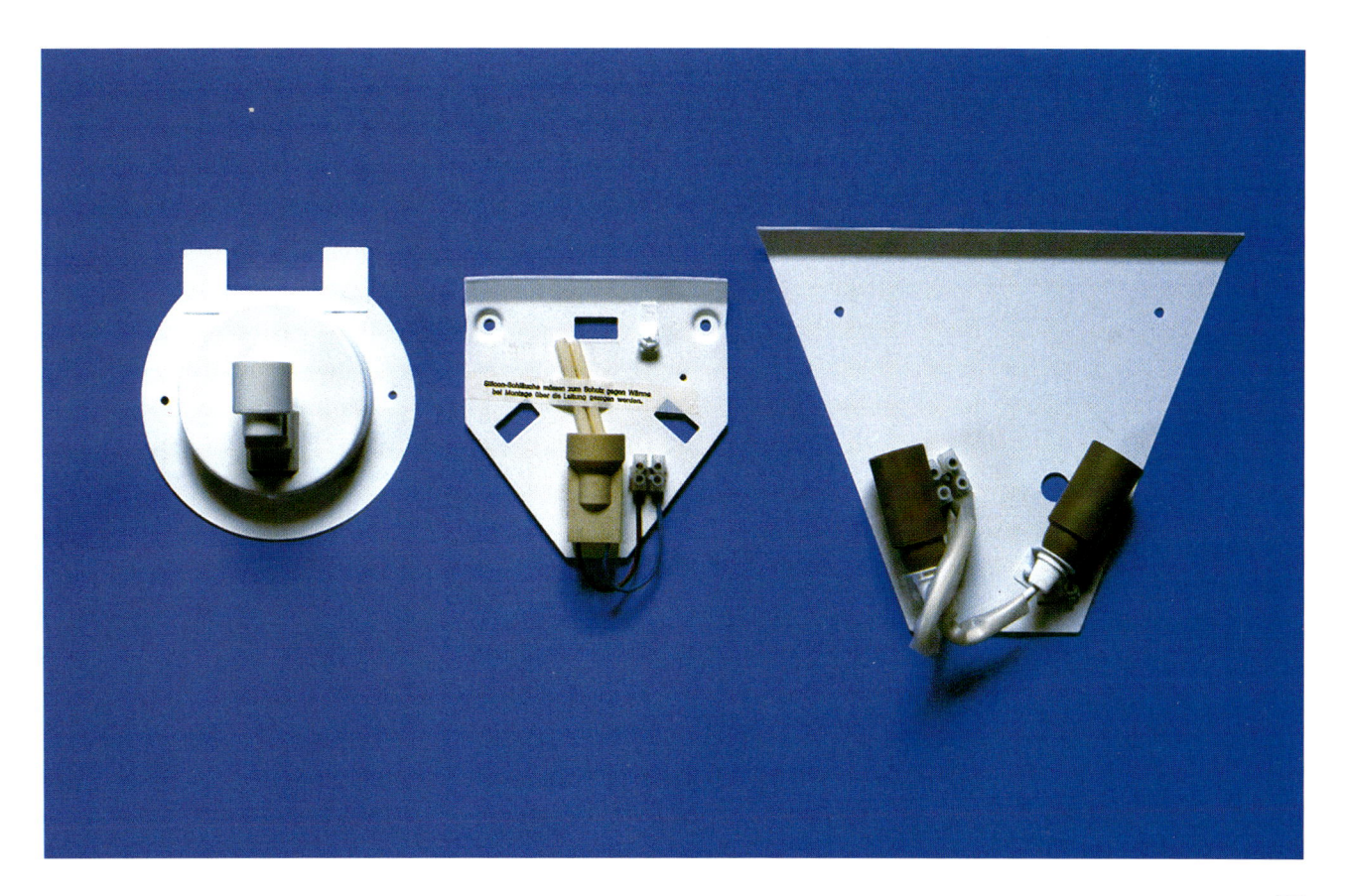

Fenster und Türen

Ein klassisches Anwendungsgebiet für Kunstverglasungen sind Fenster und Türen. Sie können gleichermaßen als Sichtschutz, zur Lichtdämpfung oder auch zur farblichen Gestaltung eines Raumes angelegt werden. Die Palette der technischen Möglichkeiten reicht von der Einfach-Verglasung in einem Raumteiler bis zur 3-fach-Isolierverglasung im Außenbereich. Neben den traditionellen Motiven des Art Deco und des Art Nouveau werden heute in zunehmendem Maße moderne Designs bevorzugt, die auf die Gesamtgestaltung eines Raumes oder eines Hauses abgestimmt sind. Anstatt der dichten Opalescentgläser können dafür auch die maschinell angefertigten Klargläser mit verschiedenen Strukturen verwendet werden.

Besonderheiten beim Entwurf

Der Entwurf einer Tür- oder Fensterverglasung muß die Umgebung des späteren Einbauortes berücksichtigen. Es ist für die Wirkung einer solchen Verglasung von großer Bedeutung, ob ihr Hintergrund aus einer grünen Baumreihe oder der Mauerwand des nächsten Häuserblocks besteht. Ein unruhiger Hintergrund bei durchsichtigen Antik-Gläsern kann den beabsichtigten optischen Eindruck vom Zusammenspiel der Linienführung und der Farben völlig zerstören. Je undeutlicher oder unschärfer der Hintergrund wird, desto deutlicher kommt die Darstellung der Verglasung zum Ausdruck. Leicht milchige Antik-Gläser und stark verzerrende Kathedral-Gläser sind als Hintergrundglas fast immer zu empfehlen.

Auch der spätere Rahmen der Verglasung muß in den Entwurf miteinbezogen werden. Zum einen wird damit das maximale Außenmaß festgelegt und zum anderen wird das sogenannte Falzmaß berücksichtigt, d.h. die Fläche des Verglasungsrandes, die vom späteren Rahmen verdeckt wird. In der Rißzeichnung kennzeichnet man daher das maximale Außenmaß und die effektive Lichtaustrittsöffnung, d.h. das, was später von der Verglasung zu sehen ist. Von Bedeutung sind diese beiden Maße zum Beispiel bei Verglasungen, die wichtige Bildteile an den Rändern beinhalten oder die um die eigentliche Darstellung noch einen einrahmenden Glasrand erhalten sollen. Wenn dieser Rand im eingebauten Zustand eine Stärke von 5 cm haben soll und das Falzmaß 1 cm beträgt, müssen die Teile des Glasrandes 6 cm breit sein (siehe Beispiel S. 80).

Abbildung S. 80 zeigt den Entwurf eines Raumteilers mit einem Holzrahmen und einer quadratischen Feldereinteilung. Bei solchen übergreifenden Darstellungen muß die Linienführung durch den jeweiligen Feldrand gezogen werden, damit das Auge die Konturen über die Rahmen hinweg in Verbindung bringen kann.

Fensterverglasung „Mozart III", Artisant 1989 Uroboros Fibroid Textured Glas, Farbnummer 70-00 und Einsätze aus Fischer-Echt-Antik und Glasmalereien, Durchmesser 120 cm.

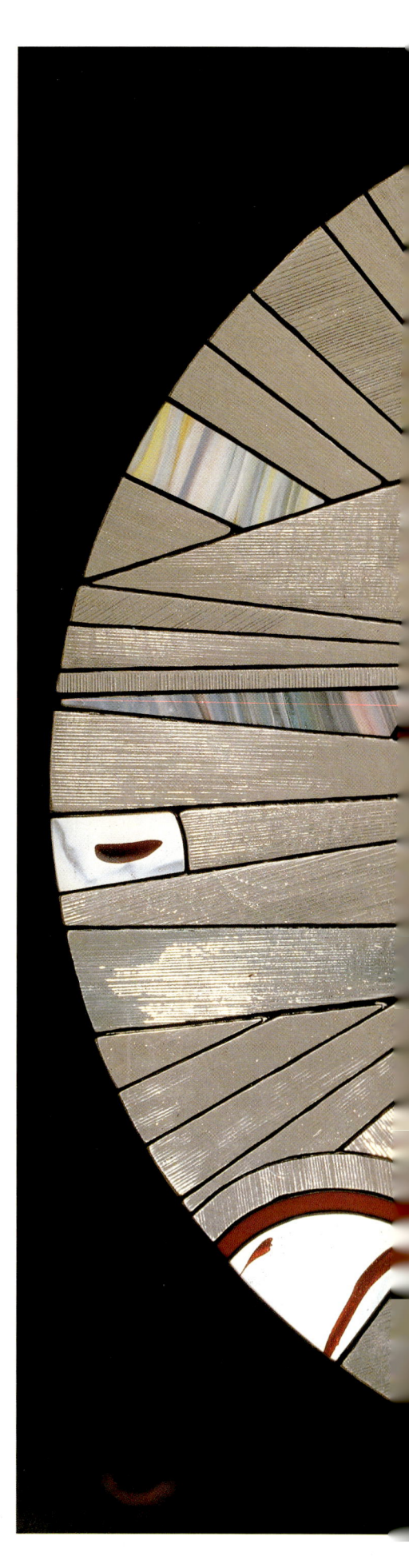

77

Fenster und Türen

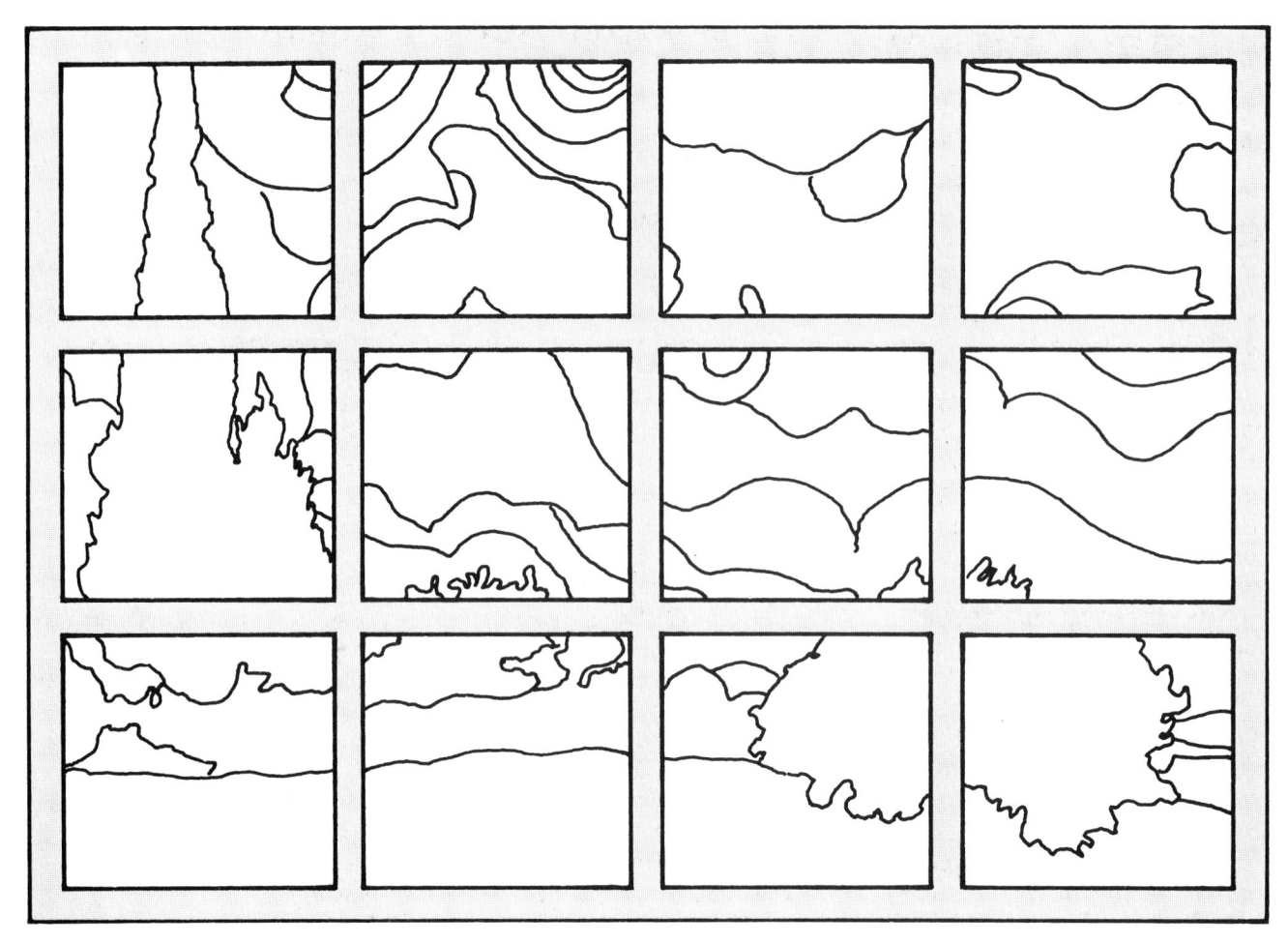

Vorentwurf einer Felderverglasung für einen Raumteiler. Das dargestellte Motiv wird durch die Rahmen nicht unterbrochen, sondern nur verdeckt.

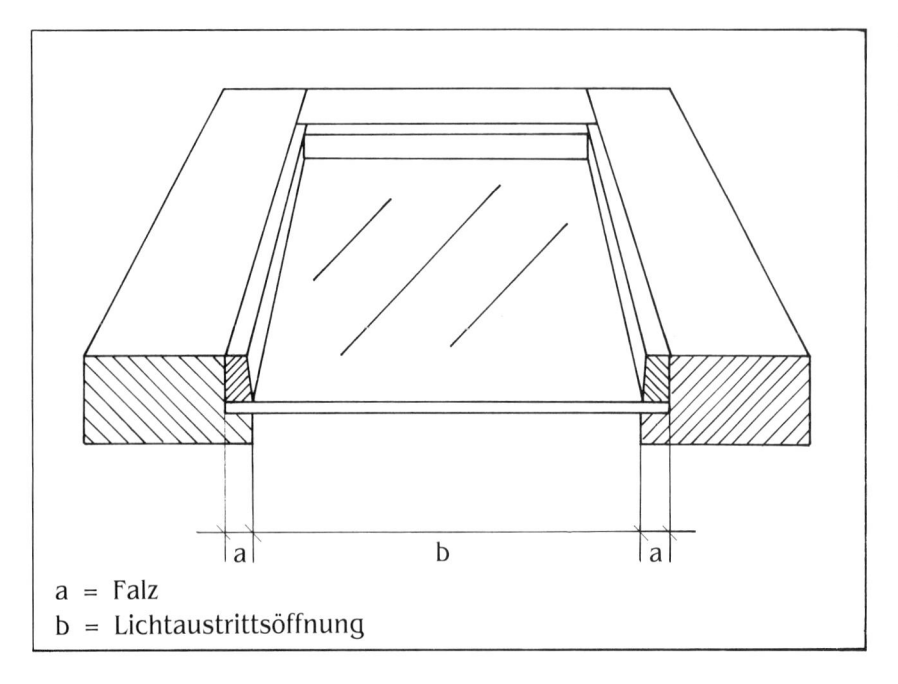

Schnittzeichnung eines Rahmens für Verglasungen. Ein Teil der Darstellung wird von der Falz verdeckt. Die fertige Verglasung sollte nicht eng im Rahmen sitzen, sondern an allen Seiten etwa 1 bis 2 mm Luft haben.

a = Falz
b = Lichtaustrittsöffnung

Verstärkung von Verglasungen

Der zentrale Punkt von größeren Verglasungen ist die Stabilität. Es gehört schon einige Erfahrung dazu, um beurteilen zu können, ob und in welcher Weise ein geplantes Objekt versteift werden muß. Entscheidend ist die Gesamtfläche, das Verhältnis Länge zu Breite und die Ausführung des Liniennetzes. Jede Verglasung muß individuell nach diesen Kriterien beurteilt werden, um eventuell nötige Verstärkungen schon beim Entwurf einzuplanen.

Handelt es sich zum Beispiel um einen in Felder aufgeteilten Raumteiler mit Einfachverglasung, so genügt — falls es überhaupt nötig sein sollte — eine Verstärkung der Lötnähte mit 4 mm schmalen Messing- oder Kupferstreifen (sogenannten Reinforcing-Strips), die hochkant in die Nähte eingelötet werden, also zwischen den einzelnen Glasteilen liegen. Die Feldgröße sollte allerdings 50 x 50 cm bzw. 0,25 m² nicht viel überschreiten.

Im Grunde sind solche Felder mit einfachen Fensterbildern zu vergleichen. Der einzige Unterschied besteht darin, daß an Fensterbilder Aufhängeösen angelötet werden. Eine Randeinfassung mit U-Profil aus Weißblech, massivem Messing oder Blei sollte bei allen Flachverglasungen — ob nun Fensterbilder oder große Fenster — obligatorisch sein.

Alle Fenster und Türen mit einer Gesamtfläche über 0,5 m² müssen, zusätzlich zu Reinforcing Strips mit sogenannten Stahleinlagen versteift werden. Diese „kleinen Flacheisen oder Windeisen" mit 3 mm oder 4 mm Breite und 1 mm oder 2 mm Stärke werden ebenfalls in die Nähte eingelötet und können auch bis zu einem bestimmten Maß der Linienführung angepaßt werden. Sie müssen vor der Verarbeitung gründlich mit Stahlwolle abgerieben werden; sonst gibt es unter Umständen Probleme mit der Lötzinnannahme. Wenn in geraden Nähten versteift wird, sollte man deshalb besser Flachmessing verwenden.

Die Randeinfassung von großen Verglasungen muß auf jeden Fall aus massivem Messing U-Profil bestehen. Mit einer Ausnahme: Soll das betreffende Objekt in eine Isolierverglasung integriert werden, muß der Rand mit einem

Eine Auswahl der in der Tiffany-Technik anwendbaren Profile:

① *massives Messing U-Profil als Randeinfassung.*
② *Blechprofile mit 3 mm und 4 mm Öffnung aus Messing, Kupfer und Weißblech.*
③ *verschiedene Kleinprofile zur Verstärkung.*
④ *U-Bleiprofil mit halbrundem Rücken in einfacher Ausführung und mit Neusilber- bzw. Messingüberzug. Diese Profile sind sehr gut zur Randeinfassung von Fensterbildern zu verwenden.*
⑤ *normale U-Bleiprofile mit geradem Rücken.*
⑥ *Stahleinlagen, bzw. Windeisen zur Stabilisierung. Das rechte Windeisen ist bereits für die Montage gebogen.*
⑦ *Ein Einbaublei muß um die Verglasung gelegt werden, wenn sie in ein Isolierfenster eingebaut werden soll.*

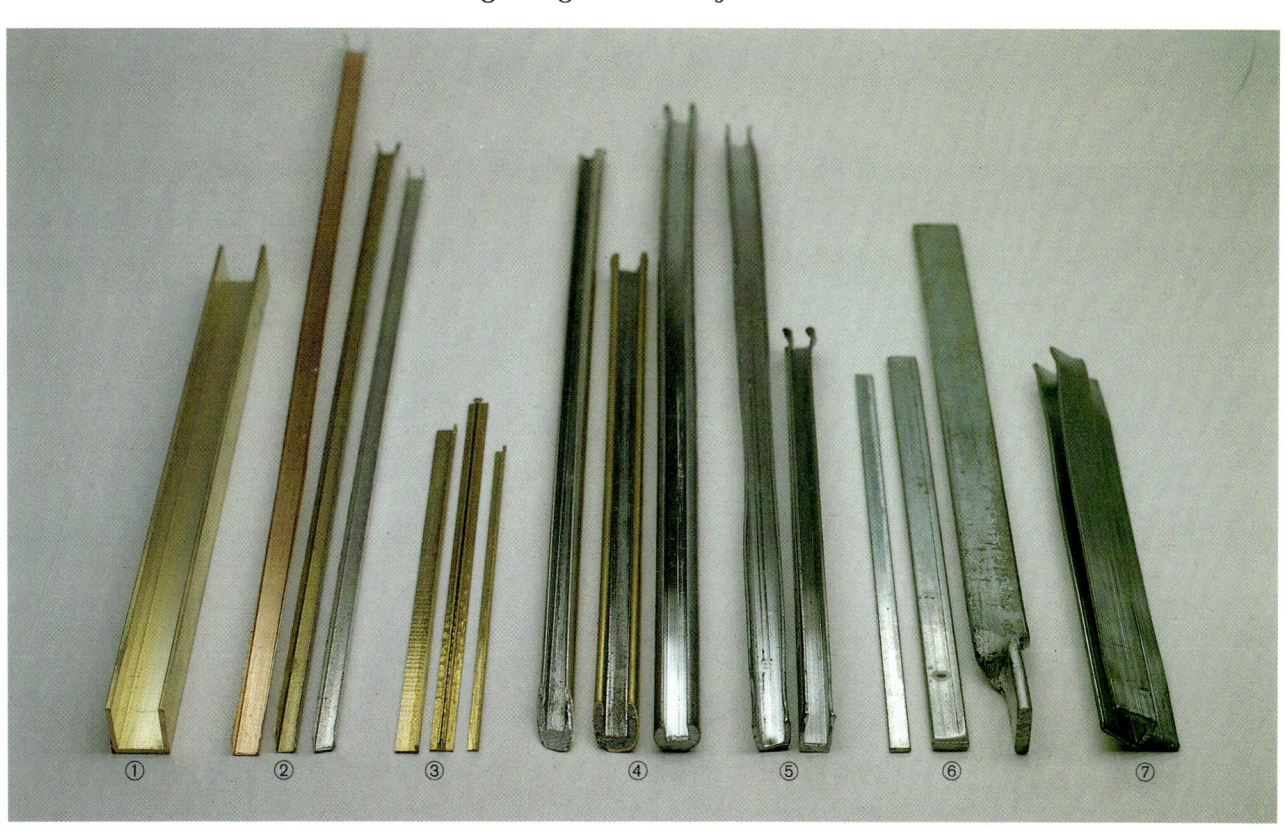

Fenster und Türen

sogenannten Einbau-Profil versehen sein. Diese Profile haben an der Außenseite eine 10 mm breite und etwa 1 mm starke Lasche, die in die Versiegelung der Isolierglasscheibe versenkt wird und damit die Verglasung zwischen den beiden Klarglasscheiben fixiert. Der Abstand der Scheiben voneinander muß mindestens 8 mm betragen. Die gesamte Isolierscheibe hat also eine Stärke von mindestens 25 mm. Die Einbauprofile bestehen üblicherweise aus Blei, sie sind allerdings auch in Messing erhältlich.

Die massivste Form einer Verstärkung sehr großer Verglasungen sind die sogenannten Windeisen. Sie wurden früher beim Bau von Kirchenfenstern verwendet, um die Windlast auf den Glasflächen aufzufangen. Meist liefen sie auf der Fensterinnenseite quer über die gesamte Scheibe, die mit eingelöteten Kupferdrähten daran befestigt wurde. Heute haben Kirchenfenster eine äußere Schutzverglasung aus Klarglas, die gegen die Windlast mit kräftigen Verstrebungen gesichert wird. Die eigentlichen Verglasungen können daher mit leichteren Windeisen versehen werden.

Um eine optimale Versteifung zu gewährleisten, werden auch in der Tiffany-Technik die Windeisen hochkant über das gesamte Fenster gelegt und an möglichst vielen Stellen mit den Nähten verlötet. Die Enden der Eisen werden mit der Zange 90° um die eigene Achse gedreht, so daß sie an den Rändern flach aufliegen und in das Randprofil mit aufgenommen werden können. Statt Flacheisen sollte — wegen der besseren Lötbarkeit — Flachmessing 6 x 2 mm oder 8 x 3 mm verwendet werden.

Türverglasung aus Echt-Antik Glas
Artisant 1993

Türverglasung

Türverglasung aus Echt-Antik Glas mit farbigen Einsätzen aus Kathedralglas und Kreisbevels. Artisant 1994

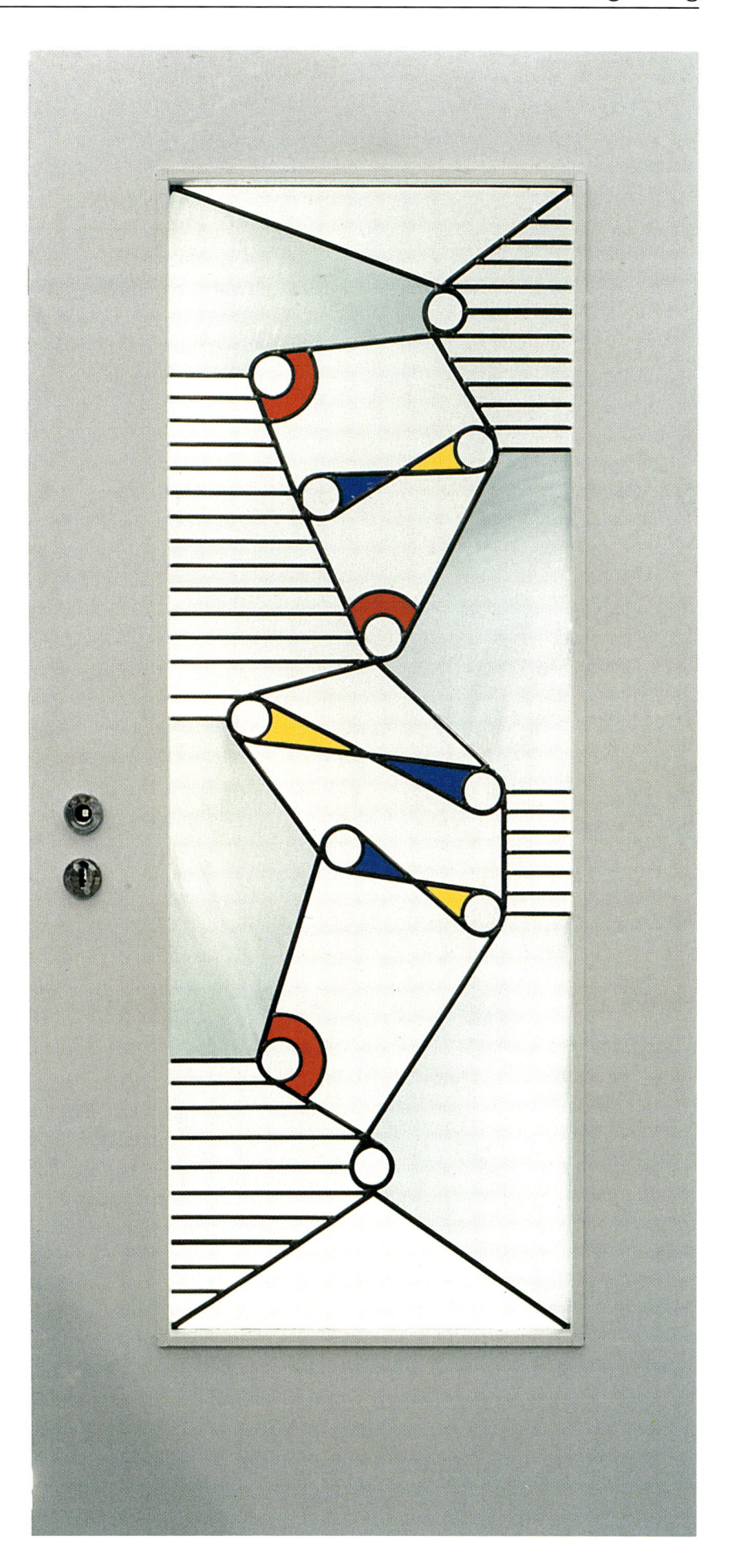

Fenster und Türen

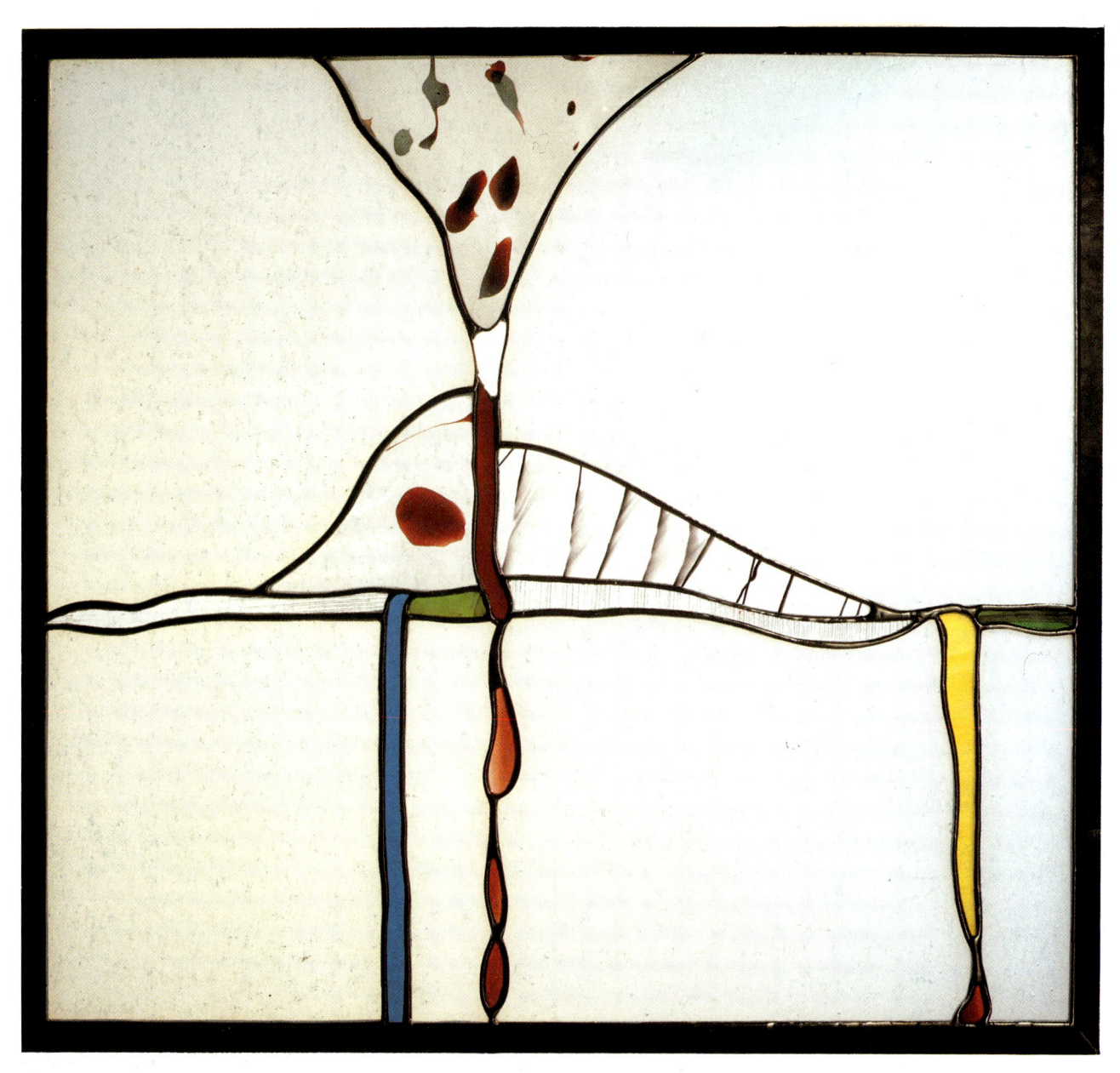

*Verglasung „Moderner Fisch",
Artisant 1989
Fischer Sonderglas,
Bullseye Streamers und Kokomo-
Opalescentglas.*

*Fensterverglasung aus Kathedralgläsern. Das eigentliche Hauptmotiv im oberen Teil ist einem Entwurf aus der viktorianischen Zeit nachempfunden.
170 cm x 80 cm, Artisant 1991*

Dekor-Verglasung

Fenster und Türen

Ausschnitt aus einer Fensterverglasung nach einem Bild von Paul Klee. Das gesamte Fenster ist in der Tiffany-Technik ausgeführt. Die Weltkugel wurde mit opaker Schmelzfarbe gemalt und im Ofen gebrannt.

Die Abbildung zeigt ein Glasstück, das mit der Fusingtechnik hergestellt worden ist. In die Trägerplatte aus farblosem Glas sind farbige Glassplitter und Metalldrähte eingeschmolzen. Die Blasen entstanden durch die Oxidation des Metalls und der damit verbundenen Gasentwicklung.
Es können nur solche Gläser gefust werden, die den gleichen Ausdehnungskoeffizienten haben. Einige Glashütten, wie z. B. Bullseye, Uroboros und Desag bieten sogenannte kompatible Gläser an, d. h. Gläser, die trotz unterschiedlicher Farben den gleichen AK-Wert haben.

In einem Elektro-Ofen wird das Schmelzgut mit Hilfe einer Computersteuerung langsam auf ca. 850° C erhitzt und nach einer Haltezeit sehr langsam wieder auf Zimmertemperatur herunter gekühlt.
Die Fusingtechnik ist äußerst vielseitig und kann deshalb hier nicht ausführlicher beschrieben werden. Für die Tiffany-Technik und die Bleiverglasung erweitert sie in erheblichem Maße die gestalterischen Möglichkeiten. So lassen sich z. B. Glasteile herstellen, die später in Farbverglasungen eingebaut werden können.

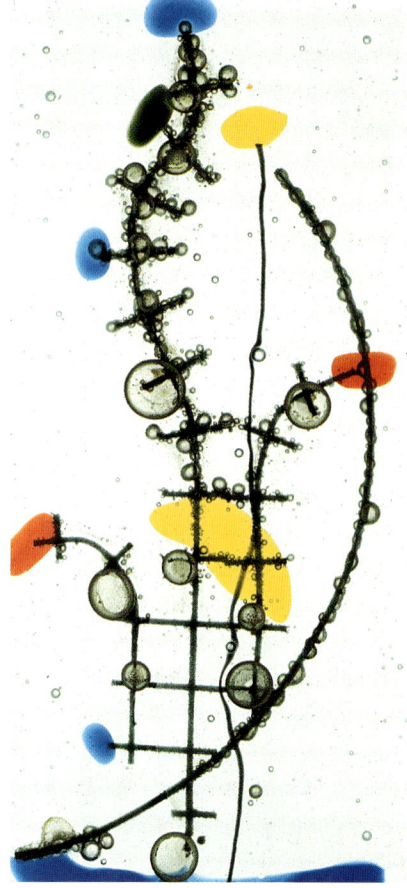

Dekor-Verglasung

*Verglasung „Maschine 1", Artisant 1989
Fischer-Echt-Antik,
Youghiogheny-Opalescentglas, Tisch-
kathedral und Bullseye-Streamers.*

*Verglasung nach einem Motiv von
Judy Miller, Ausf.: Artisant, Würzburg,
Fischer-Echt-Antik Glas und Straight
Bevels.*

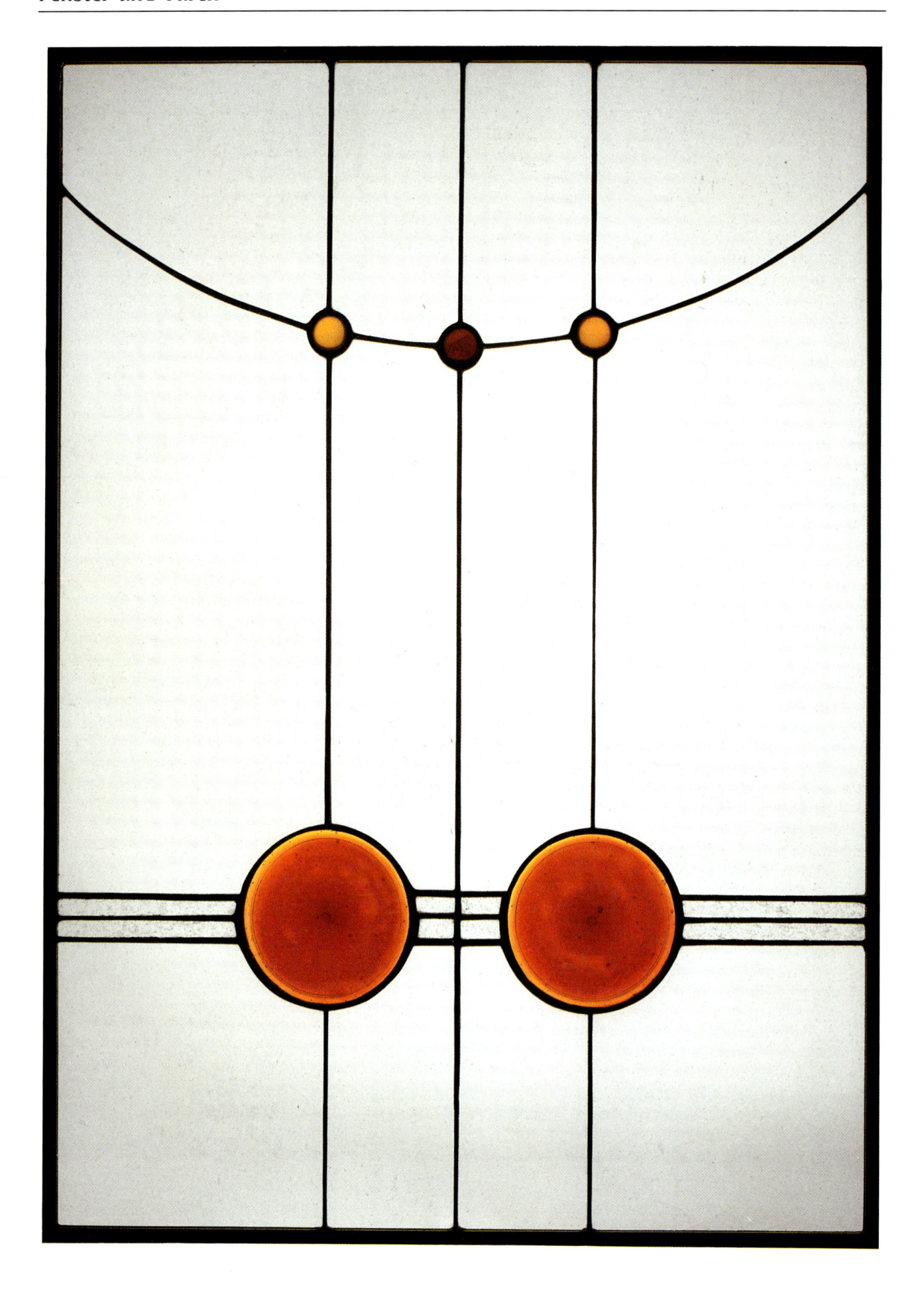

Fenster und Türen

Dekor-Verglasung

Fensterbild „Jugendstilmädchen", nach einem traditionellen Jugendstilentwurf (aus Sibbett), Artisant, Würzburg.

Traditionelle Art Deco-Verglasung, Artisant Würzburg. Kathedralglas mit eingesetzten Butzen und Glassteinen.

87

Fenster und Türen

Verarbeitung von Profilen

Die hier aufgeführten Profile stellen nur eine kleine Auswahl dar. Außer für Türen, Fenster und Fensterbilder werden sie auch zur Stabilisierung von Lampen und Spiegeln verwendet.

Bleiprofile

Weil sich die weichen Bleiprofile sehr gut anpassen lassen, werden sie vorwiegend bei Objekten mit unregelmäßigen oder runden Außenrändern eingesetzt.

Sie müssen vor der Verarbeitung gestreckt werden, weil sie meist durch Transport oder Lagerung verbogen sind. An beiden Enden werden sie so lange auseinandergezogen, bis sie ganz gerade sind. Zwei Meter lange Ruten können auf diese Weise ein ganzes Stück länger werden.

Das Verlöten der Bleiprofile mit Lötzinn erfordert etwas Geschicklichkeit. Der Schmelzpunkt von Blei liegt zwar mit etwa 320° C wesentlich höher als bei Zinn, dennoch kommt es vor, daß die Profile beim Löten plötzlich zusammenschmilzen. Daher sollte man mit der Lötspitze möglichst nicht die Bleioberfläche berühren, sondern nur einen Tropfen Lötzinn darauf gut verlaufen lassen. Als Flußmittel empfiehlt sich Lötfett, denn die Lötstelle kann damit besser auf eine kleine Fläche beschränkt werden.

Bleiprofile mit Neusilber- oder Messingüberzug sind relativ steif und können deshalb nur in begrenztem Umfang für Rundungen verwendet werden. Sie eignen sich eher für gerade Randeinfassungen an Fensterbildern, Uhren oder Lampen aus flachen Segmenten. Die Enden der abgemessenen Teilstücke werden mit einer kleinen Metallsäge auf Gehrung geschnitten, d.h. mit einem Winkel von 45° angeschrägt, so daß jeweils zwei Enden an den Ecken der Verglasung genau zusammenpassen.

Zum Verlöten können die zugeschnittenen Teilstücke mit Klebeband an der Verglasung fixiert werden.

Weitere Metallprofile

U-Profile aus Messing-, Kupfer- oder Weißblech müssen nicht unbedingt in Einzelstücke mit Gehrungsenden geschnitten werden, um damit ein Fensterbild einzufassen. Sie können auch in einem Stück angelegt werden. Dazu nimmt man ein Stück Profil, das etwa 5 cm länger ist als der Gesamtumfang der Verglasung. Die erste Seite wird an einem Ende bündig angesetzt, und am anderen Ende schneidet man nur die Seiten des Profils bis zur Rückseite mit einer kleinen Blechschere ein und knickt es auf die nächste Kante um. Die eingeschnittenen Seiten des Profils liegen dann übereinander (ggf. muß man die Öffnung des einen Profils etwas aufbiegen) und die Rückseite läuft, ohne an den Ecken getrennt zu sein, um das gesamte Bild (bis auf die Ansatzstelle). Anschließend werden die Ecken mit einem Tropfen Lötzinn verlötet. Weißblechprofile sind sehr anfällig gegen Korrosion. Auch wenn sie nach der Verarbeitung mit Zapponlack überzogen wurden, können sie dennoch von innen heraus Rost ansetzen. Massive Messingprofile werden wie die steifen Bleiprofile mit Überzug verarbeitet, d.h. sie werden auf Gehrung gesägt und an den Ecken verlötet.

Normalerweise verlötet man Randprofile mit allen zum Rand laufenden Nähten eines Objektes. Es kann jedoch auch vorkommen, daß bei bestimmten Objekten hierfür zu wenige Nähte vorhanden sind. Dann können sie auch mit einem Silikonkleber angebracht werden. Da Silikone relativ lange Aushärtezeiten haben, ist dabei eine Unterlage aus Holz sehr hilfreich, auf der das Objekt mit dem angelegten Randprofil die gesamte Zeit fixiert bleiben kann.

Bleiruten werden mit einem Bleimesser geschnitten. So bleibt ihre Form an den Schnittkanten erhalten.

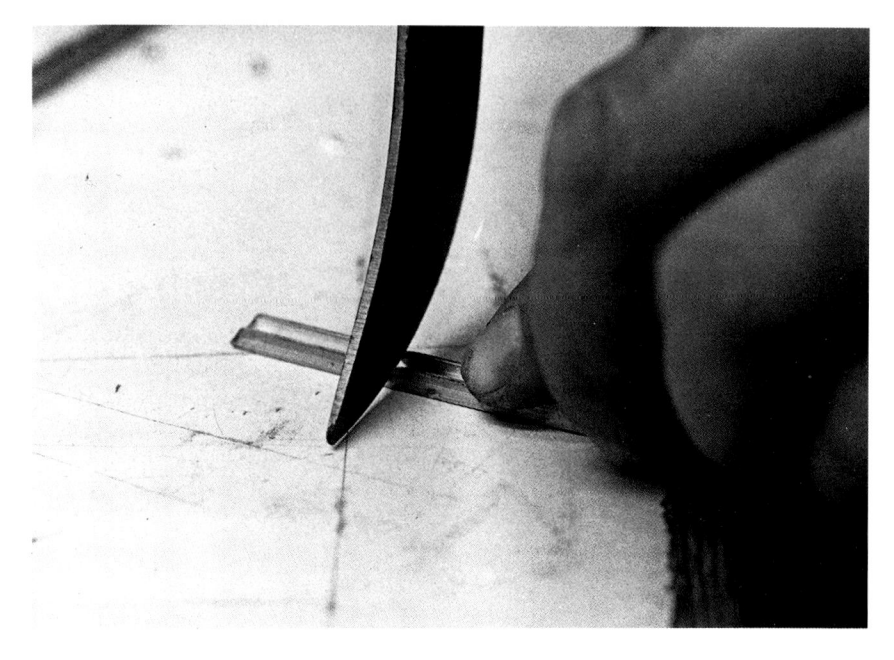

Verarbeitung von Profilen

Einfaches Bleiprofil ist sehr weich und läßt sich auch an komplizierte Formen gut anpassen.

Mit dem Ansatzstück am Griff des Bleimessers wird das Profil vorsichtig über das Glas geschoben und anschließend zugedrückt. An Lampenschirmen geschieht dies besser mit den Fingern, bei flachen Objekten wird dazu ein glattes Stück Holz oder Plastik verwendet.

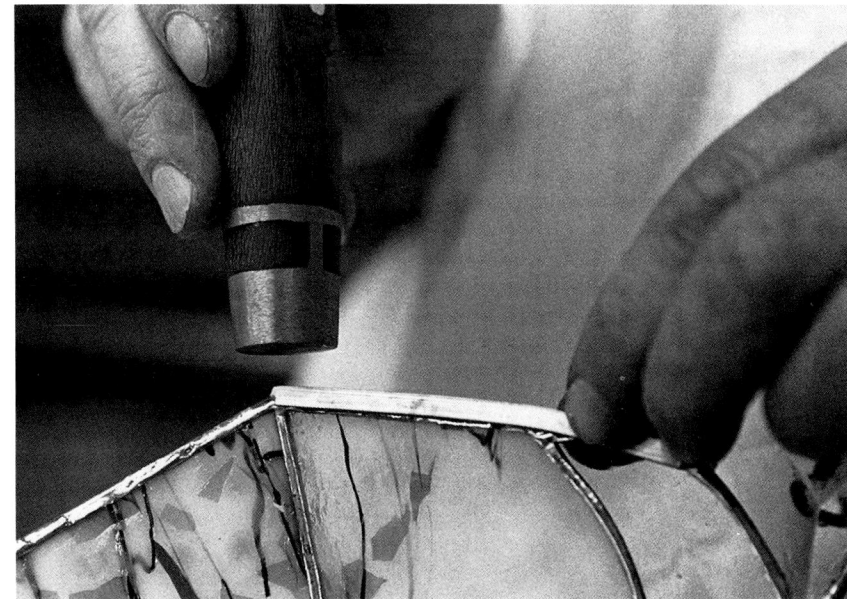

Bleiprofile mit Neusilber- oder Messingüberzug eignen sich sehr gut für Verglasungen mit geraden Kanten. Die auf Gehrung zugeschnittenen Enden der Profile werden vor dem Anlegen mit einer Metallfeile geglättet.

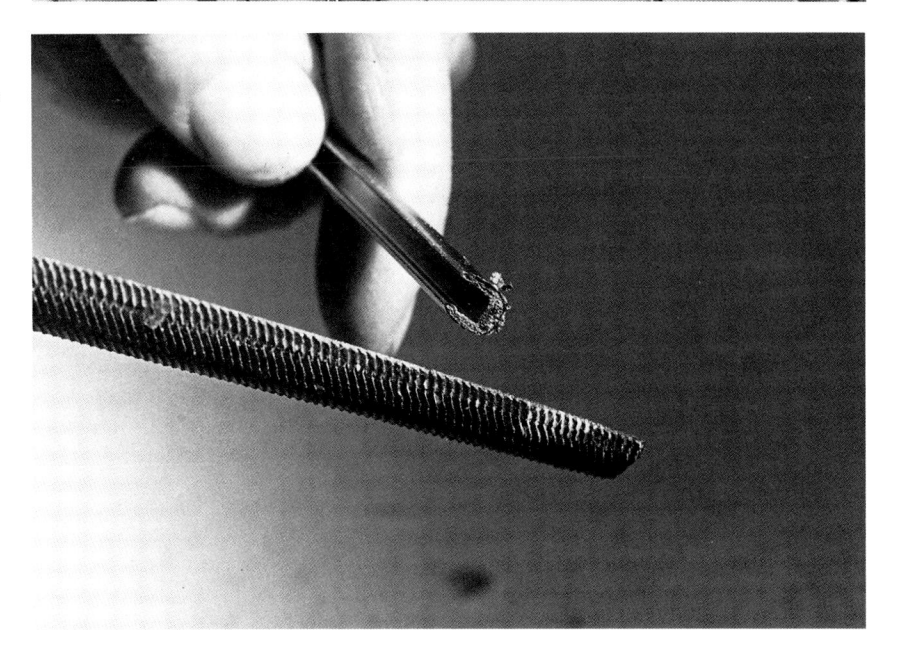

Fenster und Türen

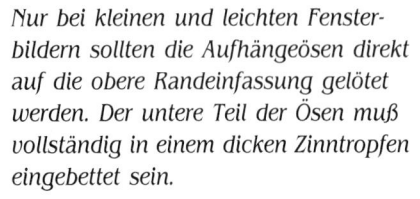

Nur bei kleinen und leichten Fensterbildern sollten die Aufhängeösen direkt auf die obere Randeinfassung gelötet werden. Der untere Teil der Ösen muß vollständig in einem dicken Zinntropfen eingebettet sein.

Bilder von mittlerer Größe sollten Aufhängeösen mit zwei freien Drahtenden haben. Diese Enden werden auf der Vorder- und der Rückseite des Fensterbildes in Nähte eingearbeitet.

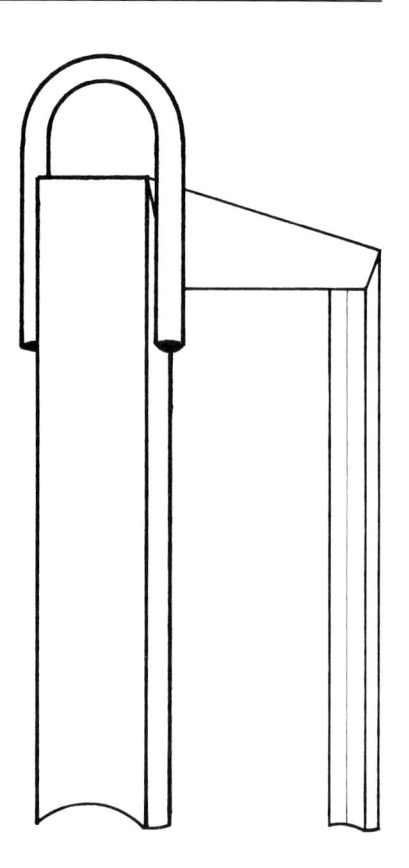

Ösen anlöten

Die Ösen zum Aufhängen von Fensterbildern werden aus Kupferdraht gebogen und lediglich bei ganz kleinen Exemplaren auf die obere Kante bzw. auf das Randprofil gelötet. In allen anderen Fällen müssen sie auf der Vorder- und Rückseite in zum Rand laufende Nähte oder mit einem ausreichend langen freien Drahtende an den seitlichen Kanten des Objektes verlötet werden.

Bei sehr schweren Bildern kann es auch notwendig sein, einen U-förmigen Rahmen aus Stahleinlagen zu biegen, der die beiden Seiten und die Unterkante des Bildes einschließt. Die Seitenteile läßt man ein Stück länger, damit aus dem überstehenden Teil die Ösen gebogen werden können. Die obere Kante wird mit einem einzelnen Stück Stahleinlage versehen. Am Schluß kann die Aufhängevorrichtung mit einem Randprofil verdeckt werden.

Große Fensterbilder werden zur Sicherheit in einen Rahmen aus gebogenen Stahleinlagen gesetzt. Die beiden überstehenden Seitenteile bilden die Aufhängeösen, die unbedingt mit der weiteren Stahleinlage auf der Oberkante verlötet sein müssen.

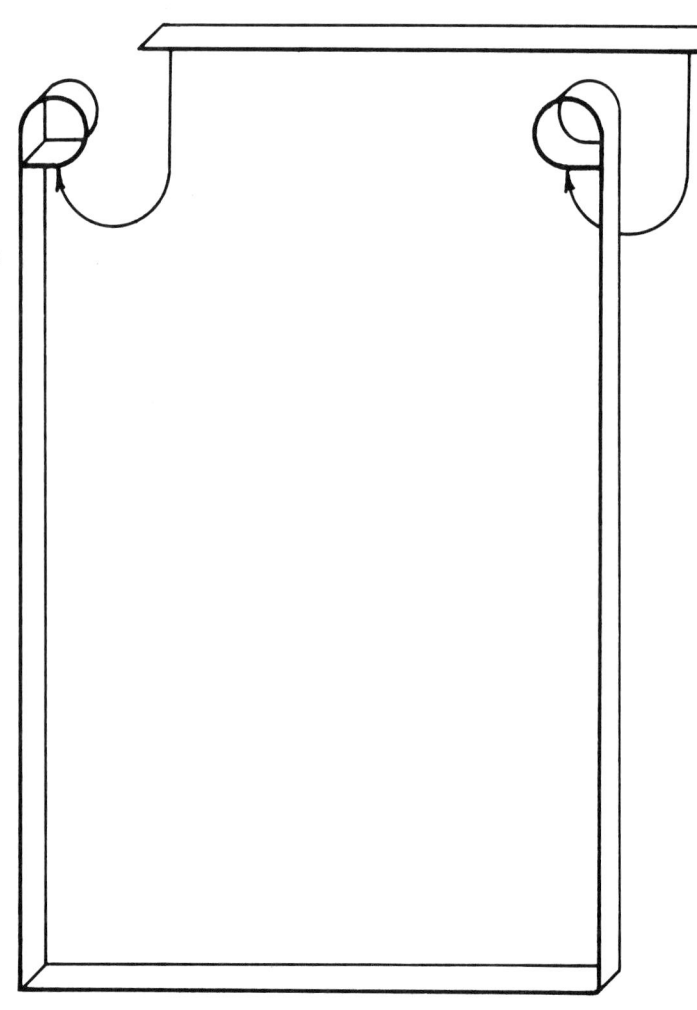

Verarbeitung von Profilen

Fensterverglasung „Uroboros Panel", Artisant 1990 (angefertigt für die Glashütte Uroboros, Portland, USA.) Die farbigen Einsätze bestehen aus Fibroid Textured Glas und der Hintergrund aus Lamberts Antikglas.
185 x 44 cm bzw. 88 cm.

Spiegel

Spiegel sind mit Silber, Aluminium oder anderen Metallen bedampfte Klargläser. Durch die unterschiedlichen Metalle erzielt man eine Tönung der Spiegel, die von Kupfer bis Bronze reichen kann. Bei sogenannten Effektspiegeln, die mehrere Farben enthalten, werden verschiedene Metalle zugleich aufgebracht.

Bei allen Spiegeln ist die aufgedampfte Metallschicht nur hauchdünn und sehr empfindlich. Ein zusätzlicher Überzug schützt sie deshalb vor Oxidation und bis zu einem gewissen Maße auch vor mechanischen Einwirkungen. Dennoch müssen Spiegel in jeder Hinsicht sehr vorsichtig verarbeitet werden.

Spiegelverarbeitung

Mit dem Glasschneider lassen sich Spiegel im Grunde genommen genausogut schneiden wie Klarglas. Probleme bereitet allerdings die Spiegelbeschichtung. Es kommt nicht selten vor, daß sie nicht ebenso sauber bricht wie das Glas des Spiegels. Beim Trennen des Glases treten dann typische Abplatzer auf, die unter Umständen sogar 1 cm in das betreffende Spiegelstück hineinreichen können. Vor allem bei starken Innenradien ist diese Gefahr sehr groß und der Materialbedarf an Spiegel sollte daher eher großzügig angesetzt werden.
Auch beim Schleifen bereitet der Spiegelbelag mitunter Schwierigkeiten. Ähnlich wie beim Schneiden kann es auch hier vorkommen, daß an den Spiegelrändern teils recht große Stücke der Beschichtung abplatzen. Generell sollte deshalb nur mit einem feinen Schleifkopf, besser noch mit einem Rippelkopf gearbeitet werden. Das so oft zitierte Schleifen mit der nach oben liegenden Rückseite ist nicht notwendig. Eine saubere Schleifauflage, evtl. eine Zwischenlage aus Karton und wenig senkrechter Druck reichen völlig aus, um Kratzer zu vermeiden.

Die in der Tiffany-Technik verwendeten säurehaltigen Chemikalien wie Lötmittel und Patinas greifen das Metall des Spiegelbelages an und lassen es — unter Umständen erst nach einer Einwirkzeit von ca. 6 Wochen — von den Lötnähten ausgehend, anlaufen bzw. oxidieren. Trotz gründlicher Reinigung mit heißer Seifenlauge kann es vorkommen, daß sich noch Chemikalienreste unter der Kupferfolie befinden und dort an den offenen Schnittkanten des Belages ihr Zerstörungswerk beginnen. Deshalb müssen die Kanten eines Spiegelteiles nach dem Schleifen mit einem schellackhaltigen Schutzanstrich versehen werden. Am besten eignet sich dazu sogenannter „Mirror Protector". Erst wenn der Anstrich nach etwa 8 bis 10 Stunden gut durchgetrocknet ist, kann mit dem Folieren begonnen werden.

Als Flußmittel sollte bei den Lötarbeiten an einem Spiegel sicherheitshalber Lötöl verwendet werden. Es enthält nur wenig Säure, und die Gefahr des Anlaufens wird dadurch stark herabgesetzt. Grundsätzlich dürfen die Chemikalien nicht über längere Zeit auf den Spiegel einwirken.
Zügiges Löten und Patinieren mit anschließender gründlicher Reinigung sind in Verbindung mit dem Mirror Protector der beste Schutz vor unliebsamen Überraschungen.

Spiegelaufhängung

Seit einiger Zeit gibt es im Fachhandel selbstklebende Spiegelaufhänger in verschiedenen Größen mit unterschiedlicher Tragekraft. Ein solcher Aufhänger besteht aus einer Metallplatte, die auf einer Seite eine Aufhängelasche besitzt und auf der anderen Seite mit einem starken Kleber und einer abziehbaren Schutzfolie versehen ist. Selbst kleine Spiegel können damit problemlos aufgehängt werden.

Ist ein größerer Spiegel wegen seiner Bauart insgesamt zu instabil, zieht man ihn am besten auf eine beidseitig beschichtete Spanplatte oder noch besser, auf eine entsprechend zugeschnittene Klarglasplatte auf. Als Klebeverbindung kann doppelseitiges Spiegelklebeband verwendet werden.

Die Spiegelrückseite sollte in diesem Falle nicht gelötet werden. So ist gewährleistet, daß das Klebeband eine ausreichende Kontaktfläche hat. Die Stabilität des Spiegels wird dadurch nicht beeinträchtigt. Zudem verringert sich die Gefahr eines Anlaufens der Spiegelfläche drastisch, weil kein Flußmittel aufgetragen werden muß.

Spiegel „Manhattan", Artisant 1988 120 cm x 80 cm, Bronzespiegel mit Einsätzen aus diversen Effektspiegeln, mit Silikon auf Spanplatte geklebt.

Spiegelaufhängung

Spiegel

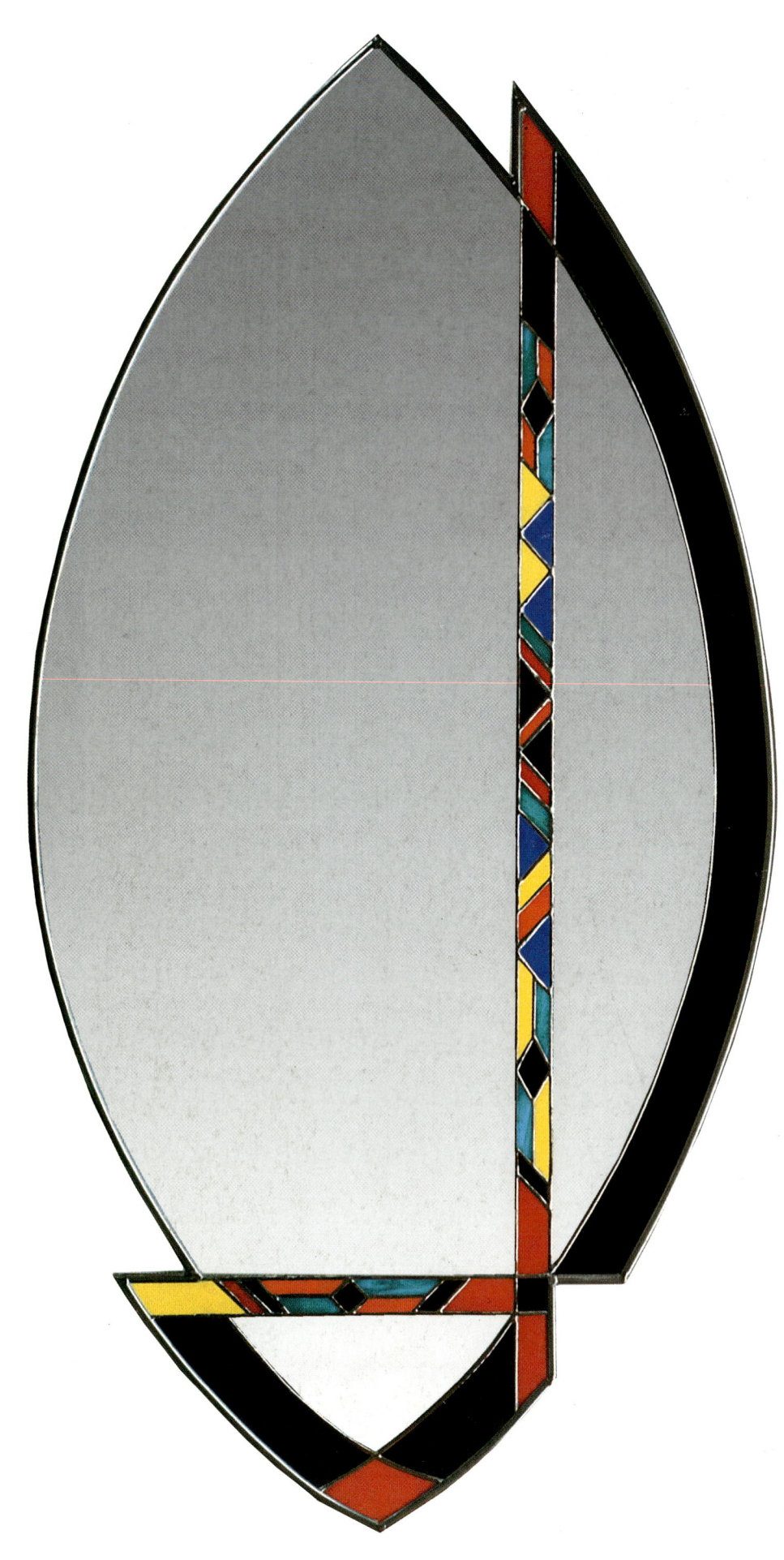

Eine weitere Klebemöglichkeit ist Silikonkleber, der ausdrücklich für Spiegelverklebungen geeignet sein muß. Andere Silikone greifen den Spiegelbelag an. Damit das Silikon durchtrocknen kann, benötigt es ungehinderte Luft- bzw. Sauerstoffzirkulation. Es darf also nicht großflächig oder in geschlossenen Kreisen und Rahmen aufgetragen werden. Die äußeren Klebestellen würden sonst die inneren von der Luftzufuhr isolieren. Am sichersten sind senkrechte Linien mit etwa 5 cm Abstand. Das Durchtrocknen dauert je nach Fabrikat ungefähr 24 Stunden.

Eine Alternative dazu sind Magnetaufhänger, die aus vier Dauermagneten und vier entsprechend großen Metallscheiben bestehen. Die Scheiben werden auf der Spiegelrückseite und die Magnete mit Dübeln in der Wand befestigt. Diese Aufhänger sind mit unterschiedlichem Tragkraftvermögen erhältlich und auch für sehr große Spiegel geeignet.

Spiegel werden normalerweise im Auflicht betrachtet, deshalb sollten die Farben auch nur im Auflicht ausgewählt werden. Falls auf der Rückseite des Spiegels ein Gerüst aus Stahleinlagen angebracht wird, dürfen auch nur undurchsichtige Gläser verwendet werden. Wie bei Fensterbildern ist auch bei Spiegeln eine Randeinfassung sehr zweckmäßig. Sie verbessert die Stabilität und schafft einen sauberen äußeren Abschluß.

Spiegel „Contact", Artisant 1988 nach einem Glasfenster von Georg Meistermann, 70 cm x 40 cm. ▶

Spiegel „Indian Summer", Artisant 1991 80 cm x 35 cm, Silberspiegel mit farbigen Einsätzen aus Bullseye Glas, auf Klarglas aufgezogen.

Spiegelaufhängung

Spiegel

96

Spiegelaufhängung

Spiegel „Sahara", Artisant 1986
Silberspiegel mit zum Teil aufgesetzten
Glasteilen.

Spiegel „Lotos", Artisant 1987
77 cm x 48 cm, Silberspiegel mit
eingesetzten Teilen aus Oceana- und
Kokomo-Opalescentglas.

Spiegel

Spiegelaufhängung

*Um die empfindliche Spiegelbeschichtung vor der Einwirkung der Chemikalien zu schützen, werden die Kanten und ein etwa 1 cm breiter Rand auf der Rückseite nach dem Schleifen mit Spiegelschutzlack eingestrichen.
Diese Arbeit muß sorgfältig ausgeführt werden, weil die Chemikalien durch jede Fehlstelle den Spiegelbelag angreifen können. Beim späteren Folieren können keine Korrekturen mehr durchgeführt werden. Wenn die Folie wieder abgezogen wird, löst sich meist der Schutzlack mit ab.*

Eine sichere Methode der Spiegelaufhängung ist das Aufziehen auf eine Klarglasplatte und die Verwendung von selbstklebenden Metallhaltern. Das doppelseitige Spiegelklebeband sollte senkrecht in Abständen von etwa 5 cm angebracht werden.

*Spiegel „Triton", Artisant 1991
78 cm x 42 cm, Silberspiegel mit farbigen Einsätzen aus Bullseye Glas, auf Klarglas aufgezogen.*

Leuchtobjekte

Lange Zeit war die Tiffany-Technik recht starr auf ein begrenztes Betätigungsfeld fixiert. Dazu gehörte hauptsächlich der Lampenbau nach den klassischen Formen Halbkugel und Kegel. Die Ausgestaltungen dieser Objekte war, wie auch bei Tür- und Fensterverglasungen, sehr stark am Tiffany-Stil orientiert, d.h. es wurde versucht, seinen Stil bei der Neuentwicklung von Designs zugrunde zu legen — zum überwiegenden Teil jedoch mit nur mäßigem Erfolg. Viele solcher „Kreationen" haben die Grenze zum Kitsch bereits überschritten. Der Begriff Tiffany-Technik wurde fälschlicherweise mit Tiffany-Stil gleichgesetzt. Dabei bedeutet der Begriff nicht mehr als Glasgestaltung mit Glasteilen, die in Kupferfolie eingefaßt und verlötet werden. Unter Tiffany-Stil verstand man — ebenso falsch — lediglich einen Bruchteil aus Tiffanys breitgefächertem Schaffen: bunte Lampen in klassischen Formen mit überwiegend naturalistischen Darstellungen.

Dabei hatte Tiffany selbst seine Zeitgenossen immer wieder mit völlig neuartigen und zum Teil bizarren Objekten überrascht. Wenn heute seine Technik und seine Vorstellung von Ästhetik lediglich auf bunte Lampen beschränkt wird, so wäre dies gewiß nicht in seinem Sinne.

Erst Anfang der 70er Jahre lösten sich, hauptsächlich in den USA und Japan, einige Glaskünstler von der traditionellen Vorstellung und schufen die ersten „freien Kreationen". Der Ausdruck „frei" bezieht sich dabei sowohl auf die Formgebung der Objekte als auch auf das verwendete Material.

Der Reiz dieser Objekte besteht in der Kombination von Glas mit bis dahin ungewöhnlichen Zusatzmaterialien und Formen, die mit der herkömmlichen Vorstellung von Lampen nur noch sehr wenig gemein haben. Damit war der Schritt vom kunstvoll gearbeiteten Lampenschirm zum beleuchteten Kunstobjekt getan.

„Mozart II", Leuchtobjekt aus Uroboros Fibroid Textured Glas, Farbnummer 70-00, mit Einsätzen aus Fischer-Echt-Antik und Sockel aus Naturschiefer, Höhe ca. 60 cm, Artisant 1989.

Das Grundgerüst des Leuchtobjektes besteht aus Messingrohr mit 4 mm Durchmesser. Die Rohre sitzen lose in den etwa 10 mm tiefen Bohrlöchern des Schiefersockels. So kann der Schirm leicht vom Sockel abgenommen werden. Zum Aufbau des Objektes wurden zunächst die Messingrohre in die Bohrungen gesteckt und untereinander mit querliegenden Röhrchen fixiert. Die Glasteile wurden anschließend eingesetzt. Außer durch seine Form wirkt das Objekt durch den gegensätzlichen Maserungsverlauf des Strukturglases in den jeweiligen Feldern. Als verstellbare Füße des Sockels dienen runde Messingendknöpfe, die mit Hilfe eines Gewinderöhrchens in den Boden geklebt wurden. Für die nötige Stabilisierung sorgen zwei Stahleinlagen, die die äußeren Messingrohre auf der Rückseite verbinden.

Leuchtobjekte

Leuchtobjekte

„Mistral", Leuchtobjekt aus Fischer-Echt-Antik mit Drahtgeflecht und Sockel aus Naturschiefer, Artisant 1988.

Bei diesem Objekt sind die Messingrohre nicht in Schiefersockel eingesteckt, sondern mit einem Drahtgeflecht verlötet, das seinerseits mit Gewindeschrauben und flachen Scheiben am Sockel befestigt ist. Die Rohre sind dadurch während des Aufbaus noch beweglich und werden erst durch das Einsetzen der Glasteile fixiert. Als Beleuchtung dient eine E 27 Fassung, die mit einem Gewinderohr auf dem Schiefersockel befestigt wurde.

„Draco". Pendelleuchte aus Fischer-Echt-Antik Glas, Artisant 1988.

Dieses Objekt ist aus drei Seiten mit den Grundformen Dreieck, Quadrat und Kreis zusammengesetzt. Die teilweise unterbrochenen Seiten sind durch Rahmen aus Stahleinlagen gesichert.

Leuchtobjekte

Leuchtobjekte

„Cattler", Leuchtobjekt aus Uroboros Fractured Glas und Nuggets auf einem Schiefersockel, Artisant 1989.

Die Zwischenräume der nebeneinanderliegenden Messingstäbe sind nicht alle mit Glas ausgefüllt. Zum Teil sind sie offen oder mit Nuggets besetzt.

Als Lichtquelle dient eine 100 Watt Fotolampe.

Leuchtobjekte

„Maryloo", Leuchtobjekt aus Opalescent- und stark strukturiertem Kathedralglas, Artisant 1991.

Das Objekt besteht aus zwei identischen Kreisen, deren Einzelteile z. T. aus der Kreisfläche abgehoben und durch Metalldrähte verbunden sind. Als Leuchtquelle dienen drei Halogen-Niedervoltbirnen, die zwischen den Kreisen angeordnet wurden. Der Leuchtensockel besteht aus Marmor.

Leuchtobjekte

„Leviathan", Leuchtobjekt aus Antik- und Opalescentgläsern, Artisant 1988.
Das Gerüst dieses Objektes besteht aus massiven Messingstäben, die sich besser biegen lassen als Messingrohr.

Leuchtobjekte

„Diskus", Leuchtobjekt aus Opalescentglas, Artisant 1992.
Der Kreis wurde in einem halbrunden Käfig aus Drahtgeflecht befestigt. Einzelne Maschen des Geflechts sind mit Lötzinn verschlossen oder mit Glasnuggets besetzt.

Spezielle Glasarbeiten

Bei traditionellen Tiffany-Objekten, besonders aber bei modernen Gestaltungen in dieser Technik, sind mitunter Arbeiten notwendig, die über den normalen Rahmen hinausgehen. Obwohl sie nicht allzu häufig auftreten, sollen sie dennoch erwähnt werden, um das Gesamtbild des Arbeitsablaufes abzurunden und im konkreten Fall eine Hilfestellung anzubieten.

Reparaturen

Gesprungene oder falsch eingelötete Teile können in der Regel wieder herausgenommen werden.

Folie aufbiegen:
Falsch eingelötete Glasteile, die später wieder verwendet werden sollen, müssen in einem Stück aus ihrem Profil aus Folie und Zinn herausgenommen werden. Nachdem die Zinnnähte mit dem Lötkolben entfernt worden sind, wird die aufliegende Folie mit einem kleinen Messer auf beiden Seiten des Objektes vorsichtig weggeschnitten.

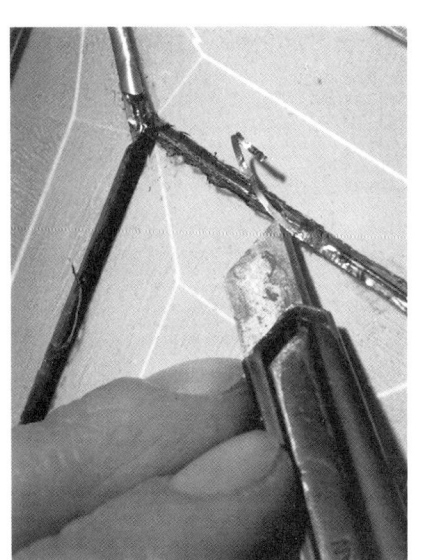

Zum Schluß wird die restliche Folie mit dem Lötkolben und einer Zange abgelötet.

Vor dem erneuten Folieren muß das ausgelötete Glasteil gründlich mit Spiritus oder Aceton gereinigt werden.

Anschließend erhitzt man die Nähte mit dem Lötkolben und zieht das Glasstück vorsichtig vom weichen Folienkleber ab.

Innenkreise

In beiden Fällen kommt es darauf an, die Folieneinfassung der umgebenden Teile nicht zu beschädigen, d.h. nicht zu zerreißen und auch möglichst nicht vom Glas zu lösen. Entfernt werden muß allein das defekte oder falsch eingelötete Glas und seine Folienumrandung.

Zunächst wird das Zinn der Lötnaht auf beiden Seiten des Objektes abgenommen. Dazu hält man das Objekt so, daß das flüssige Zinn abtropfen kann: entweder senkrecht oder über Kopf. Das defekte Teil wird dann soweit zertrümmert, daß die einzelnen Trümmerteile durch leichtes Hin- und Herbiegen aus ihrem Profil aus Folie und Zinn herausgelöst werden können. Zu diesem Zweck kann die Folie auch mit einem kleinen Messer vom Glas abgehoben werden. Wenn alle Trümmerteile entfernt sind, wird die übriggebliebene Folie mit der heißen Lötspitze und einer schmalen Zange Stück für Stück abgelötet.

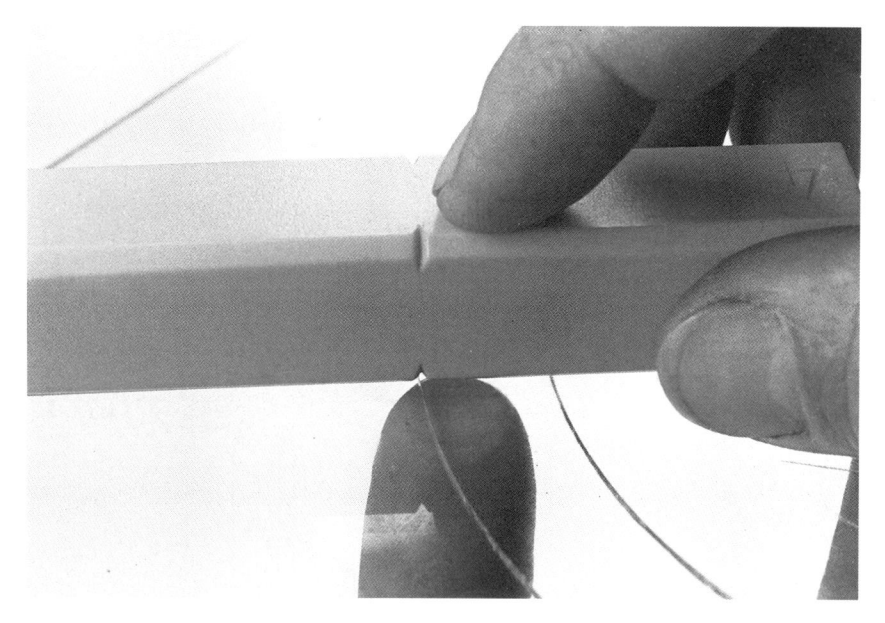

Mit einem Kreisschneider werden zunächst drei Kreise mit dem gleichen Mittelpunkt angeritzt. Der äußere Kreis hat den gewünschten Radius, die beiden anderen sind Hilfs-, bzw. Sicherungsschnitte. Bei jedem der einzelnen Kreisschnitte sollte das Schneidrädchen gut mit Schneidöl benetzt sein. Freihändiges Schneiden wäre in diesem Fall zu ungleichmäßig und würde die Gefahr eines Fehlbruches drastisch erhöhen.

Alle drei angeritzten Kreise werden dann gebrochen. Dabei ist der Glasbrechstab sehr hilfreich, weil er an jeder Stelle der Fissur angesetzt werden kann.

Innenkreise

Innenkreise gehören zwar nicht zum üblichen Arbeitsablauf, doch können sie, gerade bei modernen Designs, einen außergewöhnlichen Blickfang bilden. Damit ist auch der relativ hohe Arbeitsaufwand gerechtfertigt.

Im Hobbybereich können Innenkreise bis maximal 60 mm ø mit einem entsprechenden Topf- oder Hohlbohrer und einer Bohrmaschine ausgebohrt werden (siehe Seite 38).

Größere Durchmesser müssen mit einem Kreisschneider geschnitten werden.

Der innere Kreis wird mit dem Glasschneider kreuz und quer mit möglichst vielen Schnitten angeritzt. Anschließend werden die Schnitte von der Glasunterseite her angeklopft. Dazu kann man das hintere Ende des Glasschneiders benutzen. Danach wird der innere Kreis mit einem spitzen Glaserhammer von der Mitte ausgehend bis zum Rand zertrümmert. Das Glasstück muß dabei auf einer festen, nicht federnden Unterlage liegen.

Spezielle Glasarbeiten

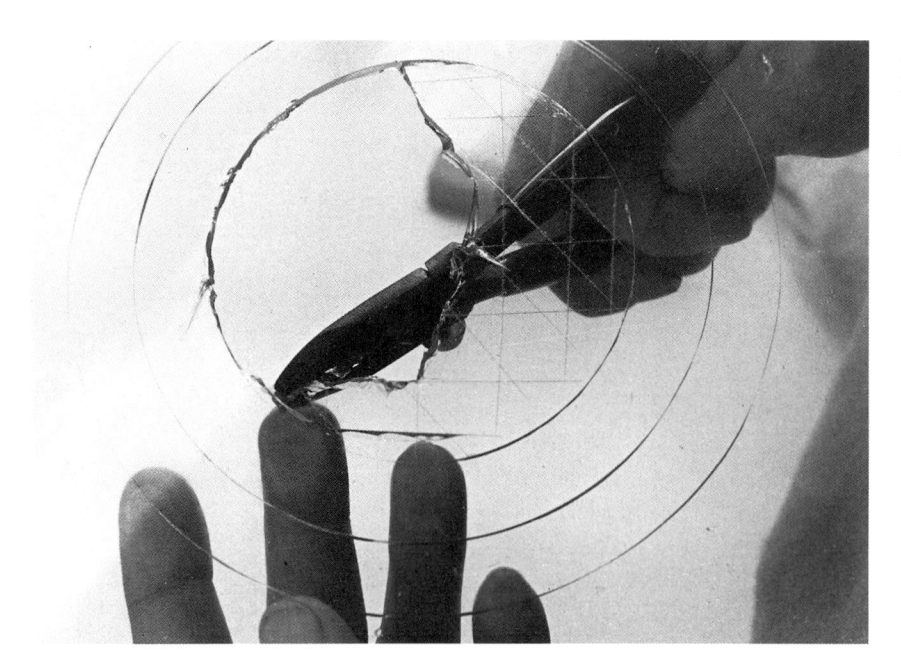

Nachdem ein Weg vom Mittelpunkt bis zum Rand herausgeschlagen ist, können die übrigen Stücke mit der Kröselzange herausgebrochen werden.

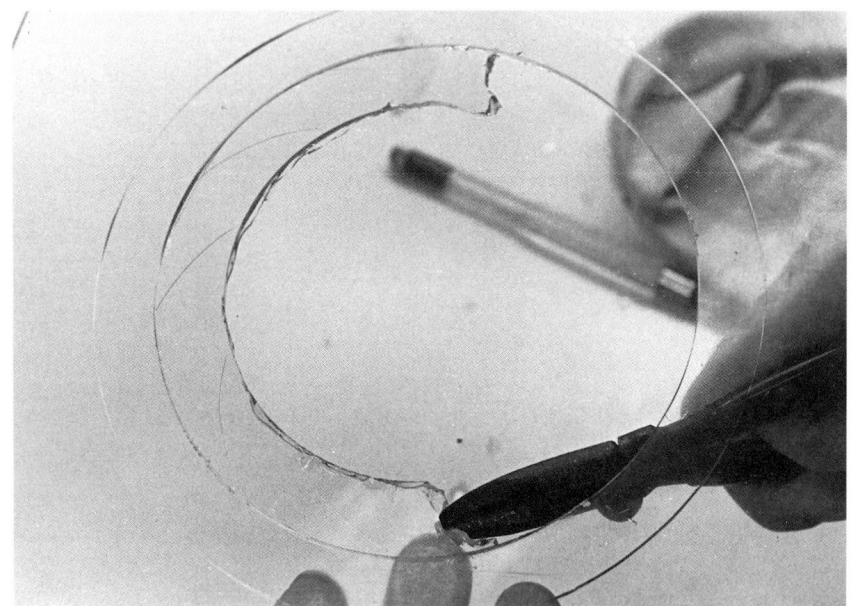

Wenn alle Stücke des kleineren Innenkreises entfernt sind, können die angeritzten Kreisringe nacheinander abgetrennt werden.

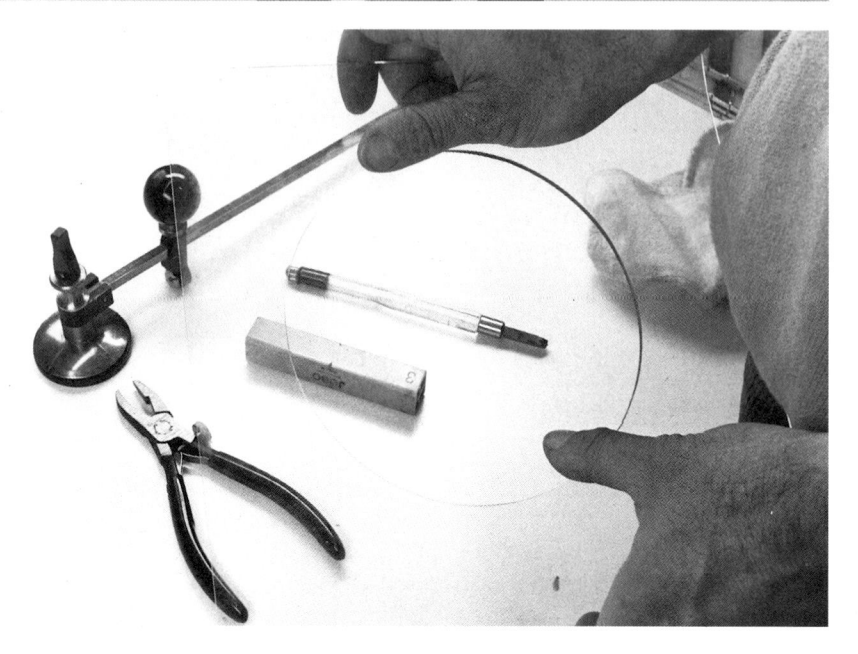

Ein einfacher Kreisschneider besteht aus einem Gummi-Saugfuß, der den Kreismittelpunkt bildet, und einem skalierten Lineal, auf dem der Schneidkopf fixiert werden kann.

Rechte Winkel

Rechte Winkel können zwar mit etwas Geschicklichkeit durch zwei aufeinander zulaufende Schnitte mit dem Glasschneider ausgeschnitten werden. Sie sind allerdings nicht von Dauer, weil immer ein Schnitt unbegrenzt bleibt, d.h. mit großer Wahrscheinlichkeit beim Brechen oder spätestens beim Löten durch die Hitzeeinwirkung unkontrolliert weiterläuft.

Deshalb werden rechte Winkel auf eine andere Art hergestellt. Man nähert sich mit einem Schnitt und einer extrem kleinen Rundung so weit wie möglich der endgültigen Form und schleift den Winkel dann mit einem 3 mm Schleifdorn aus. Anschließend wird mit entsprechend aufgeklebter Kupferfolie der exakte Winkel markiert.

Mit dem Glasschneider nähert man sich so weit wie möglich der Form des rechten Winkels. Nicht bei jedem Glas läßt sich ein extrem enger Innenradius schneiden. Das stehengebliebene Stück wird mit einem 3 mm Schleifdorn ausgeschliffen.

Nach dem Einfassen wird ein kleines Stück Kupferfolie auf die Sichtseite des Glases aufgeklebt. Eine Ecke der Folie bildet den optischen rechten Winkel. Das aufgeklebte Folienstück muß in der Ecke eingeschnitten werden, damit es sich auf die seitliche Glaskante umfalzen läßt.

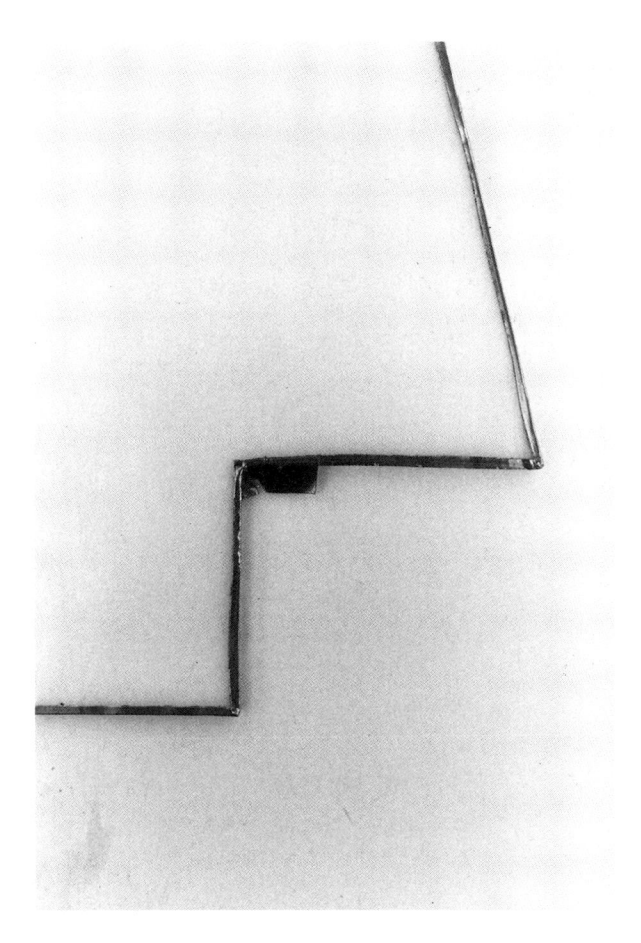

Spezielle Glasarbeiten

Bohren

Glas kann mit Hilfe einer Bohrmaschine und einem Hohlbohrer oder der Schleifmaschine und einem Schleifdorn gebohrt werden. Dadurch ist es möglich, Uhrwerke auf durchgehende Glasplatten zu montieren oder kleine Farbglaskreise einzusetzen.

Das Glasstück wird zunächst schräg angesetzt, bis eine Vertiefung entstanden ist, die den Schleifdorn führen kann. Danach kann es waagerecht gehalten werden.

Die Wasserzufuhr muß von Hand erfolgen. Sobald sich weißer Schleifstaub an der Bohrstelle gebildet hat, muß das Glasstück abgesetzt und mit reichlich Wasser abgespült werden.

Wenn der Schleifdorn das Glas durchgebohrt hat, kann die Bohrung mit kreisenden Bewegungen auf den gewünschten Durchmesser ausgeschliffen werden. Die Wasserzufuhr kann dann von oben erfolgen.

Zum Bohren mit einer Bohrmaschine benötigt man einen Adapter mit einem Aufnahmezapfen und einen Hohlbohrer-Einsatz. Das Bohren aus freier Hand ist nicht zu empfehlen, da damit der Andruck nicht fein genug dosiert werden kann und der Hohlbohrer beim Anbohren auf dem Glas abrutschen könnte. Es sollte also besser ein Bohrständer verwendet werden. Das Glasstück muß flach auf dem Bohrtisch aufliegen, und die Bohrstelle muß ständig mit reichlich Wasser versehen werden. Die geeignete Bohrgeschwindigkeit liegt zwischen 2500 und 3500 U/min.

Verarbeitung von Bevels

Bevels sind Glasteile, deren Oberflächen auf einer Seite facettiert sind. So haben zum Beispiel quadratische oder rechteckige „Straight-Bevels" vier schräge Ebenen und einen flachen Mittelteil auf ihrer Vorderseite. Bei sogenannten „Pencils" dagegen fehlt der Mittelteil, die Schrägen berühren sich und bilden einen „Dachfirst". Das einfallende Licht wird an der flachen Rückseite und an der jeweiligen Facettenebene gebrochen und erzeugt dort ein Spiegelbild, das sich durch einen verändernden Blickwinkel ständig wandelt. Bevels werden überwiegend in flachen Verglasungen verwendet. Ihr lebhaftes Lichtspiel kommt in Türen und Fenstern besonders gut zur Geltung. Neben den herkömmlichen Bevels aus Klarglas gibt es seit einiger Zeit auch farbig getönte und dichromatische Bevels. Dichromatische Gläser sind mit „Seltenen Erden" gefärbt und erscheinen zweifarbig. So haben mit Neodym gefärbte Gläser in den dünneren Schichten einen blauen und in dickeren Schichten einen mehr roten Farbton. An ihren Rändern sind Bevels etwa 3 bis 4 mm stark. Sie können daher problemlos in Kupferfolie gefaßt und mit normalen Gläsern — zum Beispiel als Einrahmung — kombiniert werden. Es gibt auch komplette Bevelsätze, bei denen mehrere, zum Teil unregelmäßig geformte Einzelbevels zu einem Ornament zusammengesetzt werden.

Einzelbevels mit flachem Mittelteil: Neben den verschiedenen geometrischen Formen gibt es auch komplette Bevelsätze mit unregelmäßigen Formen, die zu einem Ornament zusammengestellt werden können.

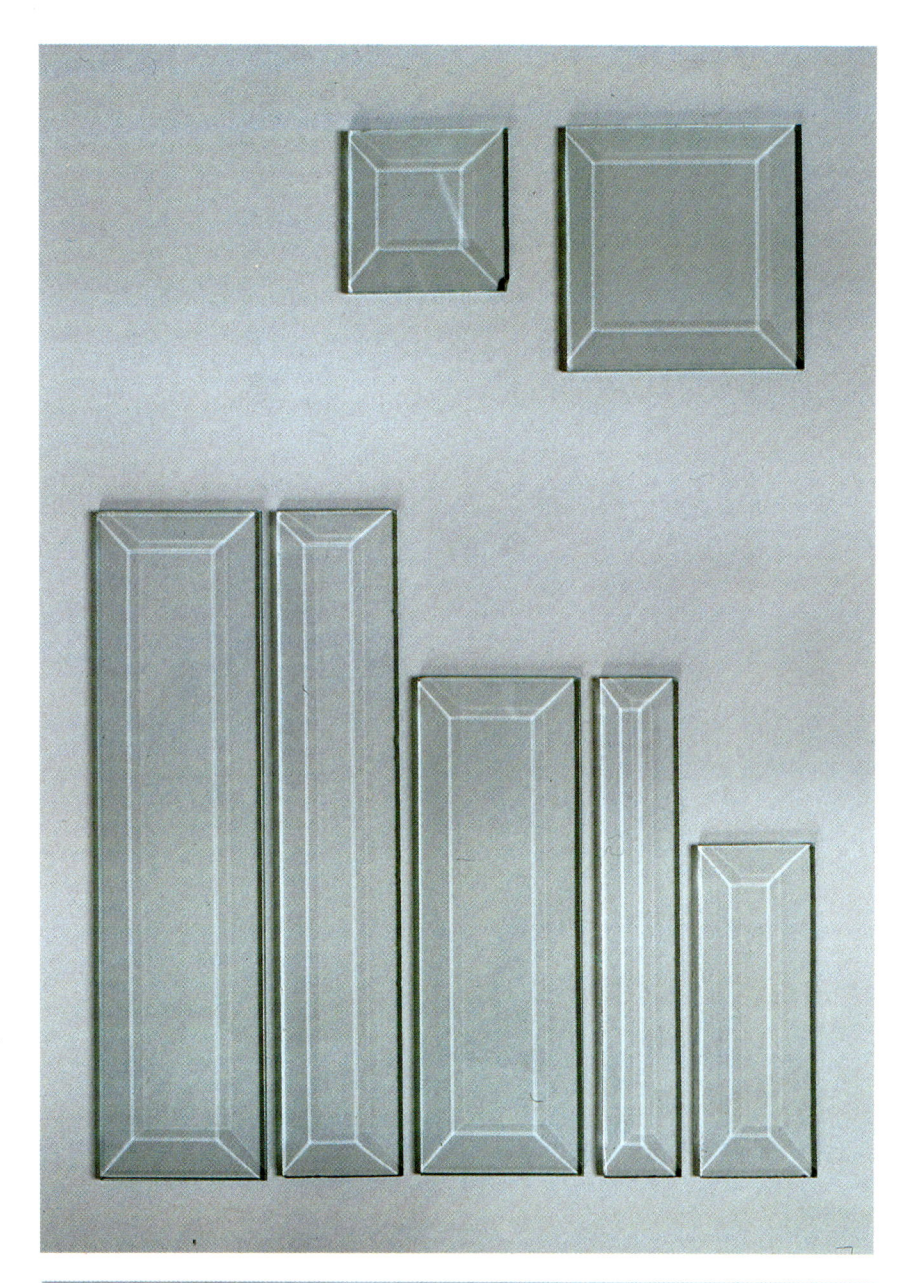

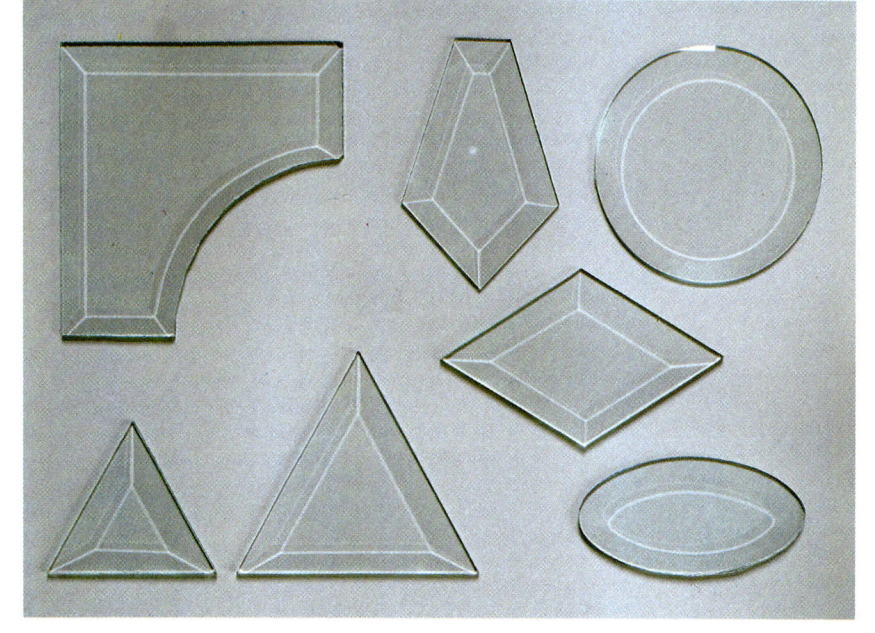

Spezielle Glasarbeiten

Bevel-Verglasung ohne Titel, Artisant 1990, 50 x 28 cm, Fischer-Echt-Antik, Kathedralglas und geschliffene Bevels.

Die Bevelsätze bestehen meist aus gepreßtem Glas und sind deshalb preisgünstig. Ihre Abmessungen können geringfügig schwanken und müssen gegebenenfalls mit der Schleifmaschine korrigiert werden. Geschliffene Bevels werden in der Regel aus besonders reinen Gläsern angefertigt. Sie sind wegen des hohen Arbeitsaufwandes beim Schleifen und Polieren wesentlich teurer als gepreßte, bestechen aber durch ihre ausgezeichnete Brillanz.

Auch Glassteine lassen sich gut in Lampen oder Fenster integrieren. Schon Tiffany hat sie in einigen seiner Objekte verwendet. Sie sind in vielen verschiedenen Farben und Formen zu erhalten. Die sogenannten Nuggets sind im Brennofen zusammengeschmolzene Glasstücke. Sie haben eine unregelmäßig rundliche Form und können sowohl als kleine Farbtupfer wie auch als Element zur Flächengestaltung eingesetzt werden. Da ihre Ränder sehr glatt sind, müssen sie vor dem Folieren leicht angeschliffen werden. Glasjuwelen haben eine regelmäßige Form und eine glatte oder facettierte Oberfläche. Wegen ihrer dünnen Ränder werden sie mit einer schmalen Kupferfolie eingefaßt.

Bleiverglasung

Im Unterschied zur Tiffany-Technik werden bei der Bleiverglasung die Nähte zwischen den einzelnen Glasteilen nicht mit Lötzinn und Lötkolben geformt, sondern man verwendet dazu vorgefertigte Bleiprofile. Diese sogenannten Bleiruten können aus Blei gepreßt oder auch gezogen sein. Sie sind meist in 2 m-Länge im Handel erhältlich.

Zum Zusammenfügen der Glasteile zu einem Feld benötigt man H-Profile, die aus einem Kern und vier Wangen bestehen. Je nach Art des Entwurfes verwendet man

Bleiverglasung

verschieden starke Bleiruten: um sehr filigrane Teile zu verbleien werden oft nur 3 mm breite H-Profile benutzt, bei größeren Gesamtflächen finden Bleiruten bis 25 mm Breite Anwendung.

Die Entwurfsarbeit bei der Bleiverglasung und der Tiffany-Technik ist nahezu identisch. Nur bei sehr aufwendigen Entwürfen, wenn zum Beispiel mit unterschiedlich breiten Profilen gearbeitet werden soll, ist der Aufwand größer, weil die Abmessungen der Bleiruten mit in die Zeichnung übernommen werden. Die Schablonen werden etwas knapper geschnitten, weil der Bleikern, also der Teil, der nach dem

Um das Einschieben der Glasteile zu erleichtern, werden die Bleiruten mit einem Aufreiber geweitet.

Die bereits verbleiten Teile werden mit Nägeln fixiert. Die Bleiruten schneidet man direkt am Werkstück auf die passende Länge.

Der Lötkolben darf nicht zu lange auf der Lötstelle belassen werden. Sonst schmilzt nicht nur das Lötzinn, sondern auch das Blei.

Verbleien zwischen den Glasteilen liegt, mehr Platz benötigt als die Kupferfolie bei der Tiffany-Technik. Zum Schablonenschneiden werden deshalb Scheren mit einem ca. 1,5 bis 2,0 mm breiten Kern verwendet.

Als Grundlage für das Verbleien dient die Arbeitsvorlage (Werkzeichnung). Sie wird auf einer stabilen Holzunterlage fixiert und mit einem rechten Winkel aus Holzleisten als Anschlag für die Unterkante und einer Längsseite versehen. Dann wird das Randblei gesetzt. Das Verbleien beginnt stets in diesem Winkel. Nachdem das erste Glasteil in den Winkel eingeschoben ist, werden die an-

Spezielle Glasarbeiten

Mit einem festen Pinsel wird der Kitt zwischen Blei und Glas gestrichen.

Feines Sägemehl eignet sich hervorragend für die Säuberung nach dem Verkitten. Danach ist das Bleifeld fertig.

grenzenden Teile nach und nach angesetzt. Die Bleiruten werden meist erst am Glasteil auf ihre genaue Länge geschnitten. Bleinägel sichern die bereits eingebleiten Stücke. Um das Einbleien zu erleichtern, werden die Wangen der Profile zuvor mit einem Aufreiber erweitert.

Das Verlöten beginnt, nachdem alle Glasteile eingebleit sind und das Randblei an die noch offenen Seiten gesetzt ist. Alle Kreuz- und Berührungspunkte der Bleiruten werden zunächst mit einem Hammer vorsichtig flachgeklopft und anschließend mit Flußmittel bestrichen. Zum Verlöten verwendet man meist einen Hammerlötkolben mit ca. 200 Watt. Die hohe Leistung des Kolbens ermöglicht ein zügiges Arbeiten, und die leicht abgerundete Form der Lötspitze gewährleistet gleichmäßige Lötstellen.

Nachdem beide Seiten des Feldes verlötet sind, erfolgt anschließend das Verkitten. Heute verwendet man dazu einen breiartigen Verstreichkitt. Mit einem festen Kurzhaarpinsel wird er großflächig in das Bleiprofil eingestrichen. So dringt er in den Raum zwischen Blei und Glas ein und sorgt nach dem Verfestigen für Stabilität. Mit einem Zustreichholz oder einem Bleianreiber werden nun die Wangen der Bleiprofile auf das Glas gedrückt. Danach muß der überschüssige Kitt wieder entfernt werden. Dazu eignet sich ganz besonders feines Sägemehl, das den Kitt bindet und dem Bleifeld eine seidig glänzende Oberfläche verleiht. Mit Hilfe einer festen Bürste wird das Mehl auf dem Feld verrieben, bis sich keine Kittreste mehr auf Glas und Blei befinden. Falls sich der Kitt bis auf die zweite Seite des Feldes durchgedrückt hat, kann man sich dort eine weitere Kittung ersparen. Hier muß dann nur noch angedrückt und mit Sägemehl gereinigt werden.

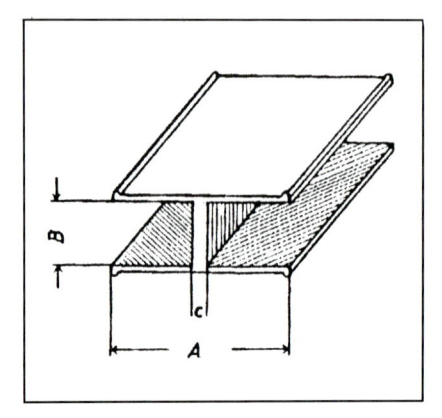

Schnitt durch ein H-Blei: Die Wangenbreite (A) kann zwischen 3 mm und 26 mm variieren. Für Standard-Bleiverglasungen beträgt die Kernhöhe der Profile (B) 3,5 mm oder 4,0 mm und die Kernstärke (C) liegt üblicherweise bei 1,0 mm oder 1,2 mm.

Literaturnachweis

McKean, Hugh F.: „Louis Comfort Tiffany". Kunstverlag Weingarten 1981.

Lee, Seddon, Stephens: „Die Welt der Glasfenster". Herder-Verlag, Freiburg 1977.

Kühn, H.: „Erhaltung und Pflege von Kunstwerken und Antiquitäten, Bd.2: mit Materialkunde und Einführung in künstlerische Techniken". Keysersche Verlagsbuchhandlung, München 1981.

Theophilus Presbyter: „Schedula diversarum artium". Edition und deutsche Übersetzung, Albert Ilg. Wien 1874. Neudruck Osnabrück 1970. (Quellenschriften für Kunsttechnik des Mittelalters und der Renaissance 7)

Winterbotham, Ann V.: „Treasury of Traditional Stained Glass Design" Dover Publications, Inc., New York 1981.

„Marc Chagall: Die Glasfenster von Jerusalem". Herder-Verlag, Freiburg 1975.

Scholze, H.: „Glas. Natur, Struktur und Eigenschaften". 3. Aufl., Springer-Verlag, Berlin, Heidelberg, New York 1988.

Richter, Hübscher, Volkhardt, Renno: „Glas, Werkstoffkunde", VEB Deutscher Verlag für Grundstoffindustrie, Leipzig 1988.

Hübscher, Lauenroth, Richter, Nüßle, Ehrig: „Glas, Technologie", VEB Deutscher Verlag für Grundstoffindustrie, Leipzig 1988.

Hasluck, Paul N.: „Traditional Glassworking Techniques", The Corning Museum of Glass/Dover Publications Inc., Mineola, N.Y. 1988, (Originalausgabe: Glass Working by Heat and by Abraison. London, Cassell, 1899).

Neustadt, Dr. Egon: „The Lamps of Tiffany", The Fairfield Press, New York, 1970.

Feldstein, W. u. Duncan, A.u.J.: „The Lamps of Tiffany Studios", Harry N. Abrams, Inc. New York, und Alb Thames and Hudson Ltd., London, 1983.

Uecker, Wolf: „Art Nouveau und Art Deco Lampen und Leuchter", Schuler Verlagsgesellschaft, Herrsching am Ammersee, 1978 und 1986.

Adams, Henry, u. a.: „John La Farge", Abbeville Press, New York 1987.

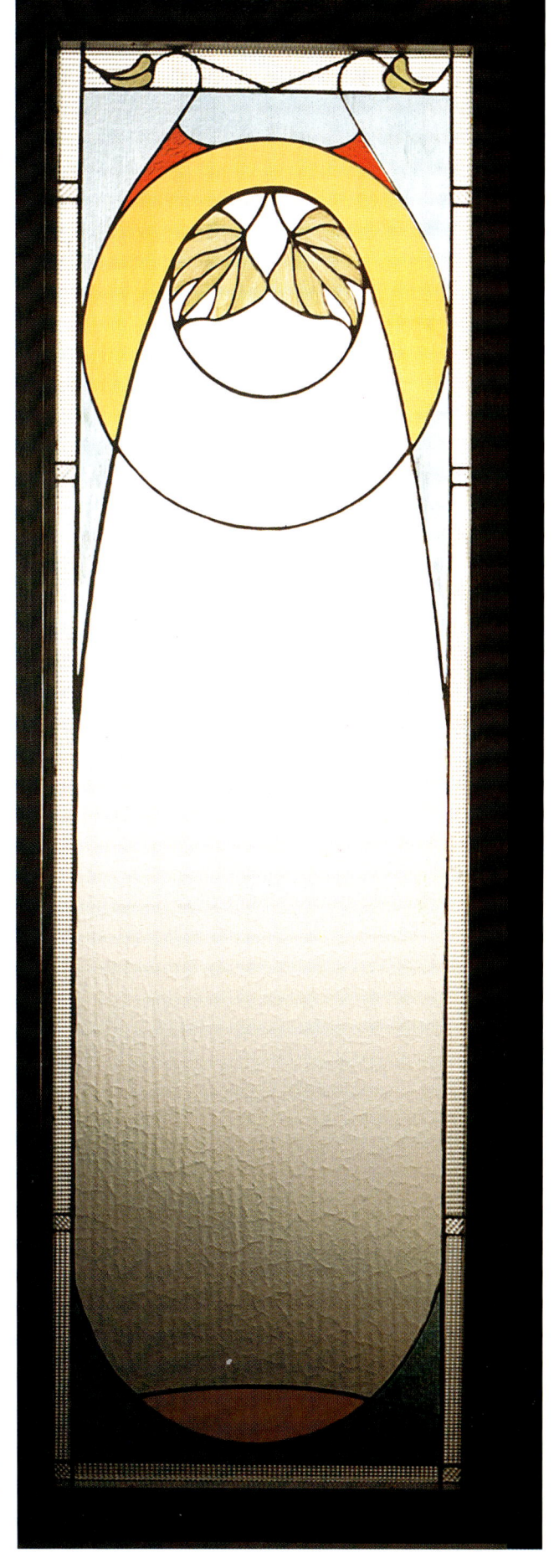

Traditionelle Jugendstilverglasung nach einem Entwurf von Rudolf Geyling, Wien 1839-1904, aus Fischer-Tischkathedral und Uroboros Fibroid Textured Glas, Randeinfassung aus gepreßtem Strukturglas. Ausf.: Artisant, Würzburg.

Stichwortverzeichnis

Ammoniumchlorid 44
Anroller 40
Anschlußkabel 72, 73
Antikglas 14, 22
Antimon.................. 44, 45
Arbeitsvorlage............ 23, 24
Arsen........................ 14
Auflicht 94
Augenschutz 35
Ausschellerungen 27

Bevels 113, 114
Biegespannung............. 28 ff
Bienenwachs.............. 10, 44
Bläselung 15
Blechprofile 79
Blei 44, 45
Bleipatina 49
Bleiprofile............ 79, 88, 89
Bleiruten.................. 7, 8
Borax 14

Cadmium 44
Cadmiumsulfid................ 14
Calciumoxid 13
Chipping glas................. 50
Colorescentglas 14

Dauerlötspitze................ 43
Deckenmontage............... 75
Diamantglasschneider......... 25
Diamantkristalle.............. 35
Draperies 16, 19
Dreipunkt-Prinzip.......... 29 ff

Effektspiegel 92
Einbau-Profil 79
Einbaublei 79
Eisenoxid................... 8, 14
Endknöpfe 73
Entwurf .... 23 ff, 76

Falzmaß................... 76, 78
Farbgebung .... 14 ff
Fasenschleifkopf........... 36, 37
Fassungen 72
Fayencen 13
Feinlöten................. 46, 54
Fensterverglasung.......... 76 ff
Fissur 27
Flußmittel............... 44, 46
Flußmittel, anorganische...... 44
Flußmittel, Auftrag 45, 46
Flux 44
Folienhalter 39
Folienstärken................. 39

Folienüberstand............... 39
Folieren .... 38 ff
Formenlampen................ 50
Formensegmente 56, 57
Fractures and Streamers .. 16, 17

Glas, irisierendes............. 14
Glasbrechstab 30, 109
Gläser, Dichromatische 113
Glaserhammer 109
Glasfarbe.................... 14
Glasjuwelen................. 114
Glasmacherpfeife.......... 7, 14
Glasmalerei .... 7 ff
Glasschneiden .... 25 ff
Glasschreiber 25
Groblöten 46
Grundtechniken............ 23 ff

Hafen 13
Haftwachs............... 45, 57
Hartmetall-Glasschneider 27
Hauptfissur.................. 27
Heizelement 41, 46
Hohlbohrer 38, 112

Innenkreise . 31, 32, 33, 99, 110
Glas, irisierendes 76, 79, 80

Kaschierhülsen............ 72, 73
Kathedralglas 14
Kerbflächen 27
Kerbspannungslehre 28
Kerbspitze 27, 29
Kieselkeramik................ 13
Klebewirkung 34
Knochenasche 14
Kobalt 8, 14
Kolophonium................ 44
Komplettformen.......... 64, 65
Konturenschnitt 25, 28
Kreisschnitte 31, 109, 110
Kreisschneider 109, 110
Kristallisation 13
Kronglas-Verfahren 14
Kröseleisen 32
Kröseln .... 32 ff
Kröselzangen 32
Kupfer 8, 14, 44
Kupferfolientechnik 10
Kupferlötspitze............... 42

Lampenabschlußring 64
Lampenbau .... 50 ff
Lampenfüße .... 72 ff
Lampenharfe 72

Lampenkappe 53, 54, 70, 71
Lampenring 71, 73
Lampenträger 71
Laufzange .... 29 ff
Läuterung 14
Lichtaustrittsöffnung 76
Linealschnitt 26, 28
Liquidustemperatur 44
Lot, adektisches.............. 44
Lötfett....................... 92
Lötbahn 43
Löten .... 41 ff
Lötgeschwindigkeit........ 46, 47
Löthilfe...................... 53
Lötkolben 41
Lötöl 44, 92
Lötrahmen 47, 52
Lötseelen 45
Lötspitzen 42, 43, 46
Lötspitzenschaft.............. 43
Lötstationen 41, 42
Löttemperatur 41, 42
Lötvorgang 45
Lötwasser 44
Lötzinn 44, 45

Magnetaufhänger 94
Mangan 8, 14
Mehrfarbenglas............... 18
Metallchloride 44
Metallprofile 88, 89
Metallschablonen 23
Mirror Protector 92, 99
Mondglas 7

Öl-Glasschneider............. 26
Ösen 90

Natriumoxid.................. 13
Nebenfissur 27
Nuggets 114

Opalescentglas 14
Oxidation 44
Oxidschicht 38, 44

Partikelfärbung 14
Patchwork-Technik 64, 65
Patina 49, 92
Patinieren 49, 92
Polieren 49
Pottasche 14
Punktlöten 45, 46

Rahmen 76, 78, 90
Randeinfassung 79, 90

Stichwortverzeichnis · Danksagung

Reinforcing-Strips 79
Reinigung 48, 49, 108
Reparaturen 108
Ring Mottled Glas 20
Ringeinsatz 71, 73
Ringnippel 73
Rippelschleifkopf 36, 37
Ripple-Gläser 16, 19
Rohschmelze 14

Salmiakstein 42
Säure 44
säurefrei 44
Segmentlampen 50
Segmentverbindungen 53, 55, 58
Selbstheilungstendenz 27
Selen 14
Selenid 14
Silber 44
Silbergelb 8
Silberhaltiges Lötzinn 45
Siliciumdioxid 13
Silikon 88, 92
Sinterverfahren 35
Solidustemperatur 44
Spannungen .... 28 ff
Spiegel .... 92 ff
Spiegelaufhängung 92, 99

Spiegelbeschichtung 92, 99
Spiegelklebeband 92
Spiegelverarbeitung 92, 99

Schablone 23, 24, 25, 52
Schablonenschere 24, 25
Schleifmaschine 34, 35
Schleifdorn 36, 111, 112
Schleifen .... 34 ff
Schleifköpfe 35
Schleifstaub 34
Schmelzofen 13
Schneidköpfe .... 25 ff
Schneidedruck 27
Schneidrädchen .... 25 ff
Schneidverhalten .... 16, 25 ff
Schneidöl 26, 27
Schwarzlot 8

Stabilität .... 79, 94 ff
Stahleinlagen 79, 90, 94, 99
Stahlwolle 38, 44
Stearinöl 44
Streckofen 15
Styroporform 56, 57

Tafelglas 7, 14
Tempern 16

Trenneisen 25, 28
Türen .... 76 ff

Überfänge 7, 15
Uran 14

Verarbeitung von Profilen 88
Verfahren, galvanische 36
Verteilerdose 73
Vorlage 23, 24, 57

Walzen-Gieß Verfahren 14
Wandhalter 75
Weichlote 44
Weißblech 79
Weißtrübungsmittel 14
Windeisen 79, 80

Zinn 44, 45
Zinnasche 14, 45
Zinnpest 45
Zugspannung .... 28 ff
Zylinderglastechnik 14

Danksagung

Für Ihre hilfreiche Unterstützung bedanke ich mich bei:
Herrn G. Seifert, Herrn Dr. Schlösser, Herrn Hermann, Herrn Lamberts, Frau Loo, Herrn Frisch, Herrn van t'Hoen und Frau Renate van Oosten-Kreissl

Außerdem bei Yolande, Renate, Gine, Reiner, Carmen, Evelyn und Andrea für ihre Geduld bei den Fotositzungen.

Mein ganz besonderer Dank gilt Steffi für die Zeichnungen, Assi für die Korrektur und nicht zuletzt Carmen für die Super-Retusche.

Hans G. Scheib erlernte die Flachglasverarbeitung als Autodidakt. Im Jahre 1983 eröffnete er mit einer Künstlergruppe eine Galerie. Später gründete er in Würzburg, zusammen mit anderen Glaskünstlern, das ARTISANT Glas Studio für die Glasgestaltung mit der Tiffany-Technik. (Anregungen für dieses Buch an Artisant GlasStudio, Kranenkai 7, 97070 Würzburg).

Neben seiner kunsthandwerklichen Tätigkeit befaßt er sich auch mit der Entwicklung und Herausgabe von Vorlagen-Mappen für Hobby-Glaskünstler.

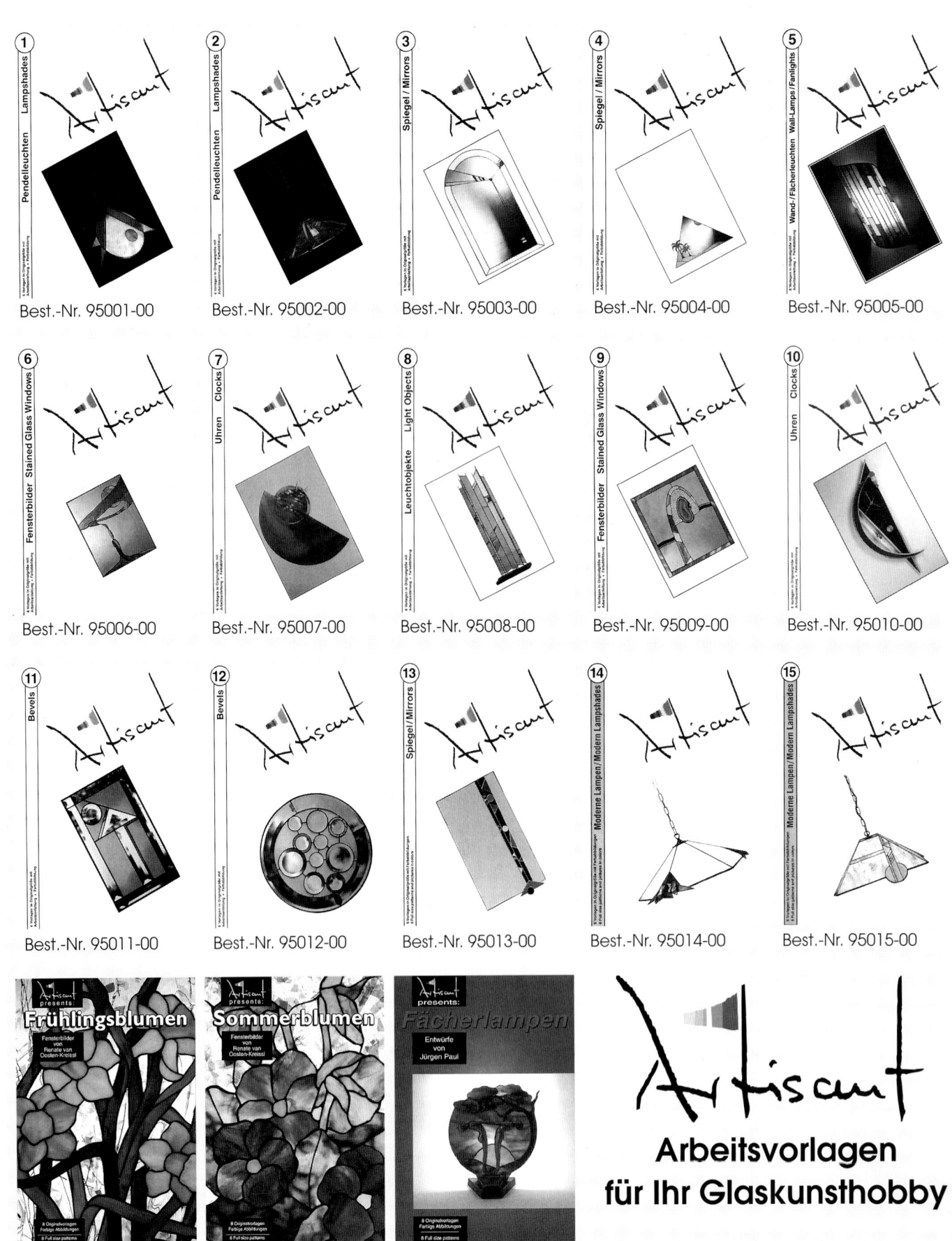

(1) Pendelleuchten / Lampshades	(2) Pendelleuchten / Lampshades	(3) Spiegel / Mirrors	(4) Spiegel / Mirrors	(5) Wand-/Fächerleuchten / Wall-Lamps/Fanlights
Best.-Nr. 95001-00	Best.-Nr. 95002-00	Best.-Nr. 95003-00	Best.-Nr. 95004-00	Best.-Nr. 95005-00
(6) Fensterbilder / Stained Glass Windows	(7) Uhren / Clocks	(8) Leuchtobjekte / Light Objects	(9) Fensterbilder / Stained Glass Windows	(10) Uhren / Clocks
Best.-Nr. 95006-00	Best.-Nr. 95007-00	Best.-Nr. 95008-00	Best.-Nr. 95009-00	Best.-Nr. 95010-00
(11) Bevels	(12) Bevels	(13) Spiegel / Mirrors	(14) Moderne Lampen / Modern Lampshades	(15) Moderne Lampen / Modern Lampshades
Best.-Nr. 95011-00	Best.-Nr. 95012-00	Best.-Nr. 95013-00	Best.-Nr. 95014-00	Best.-Nr. 95015-00

Artisant presents:

Frühlingsblumen
Fensterbilder von Renate van Oosten-Kreissl
8 Originalvorlagen
Farbige Abbildungen
8 Full size patterns
Pictures in colors
Best.-Nr. 95017-00

Sommerblumen
Fensterbilder von Renate van Oosten-Kreissl
8 Originalvorlagen
Farbige Abbildungen
8 Full size patterns
Pictures in colors
Best.-Nr. 95018-00

Fächerlampen
Entwürfe von Jürgen Paul
8 Originalvorlagen
Farbige Abbildungen
8 Full size patterns
Pictures in colors
Best.-Nr. 95019-00

Artisant
Arbeitsvorlagen für Ihr Glaskunsthobby

erhältlich in Ihrem Tiffany-Fachgeschäft